世界一美味しい！やせつまみの本

藤井 恵

おしながき

4 1人分150kcal以下の オーブントースターでちゃちゃっと！ やせつまみ

5 1人分100kcal以下の きのこ・乾物・海藻の すっきり！ やせつまみ

6 1人分100kcal以下の しらたき、こんにゃく、乾物の ひとヒネリ！ やせつまみ

7 1人分150kcal以下の ヘルシー鍋の やせつまみ

8 1人分100kcal以下の ストックしてラクラク！ やせつまみ

コラム

この本での約束ごと

・1カップは200㎖、大さじ1は15㎖、小さじ1は5㎖です。
・「ひとつまみ」とは、親指、ひとさし指、中指の3本で軽くつまんだ量。「ひとつかみ」は、片方の手全体でふわっとつかんだ量のことです。
・卵はMサイズ、オリーブ油は「エキストラ・バージン・オリーブオイル」、めんつゆは、ストレートタイプを使用しています。2倍や3倍濃縮のめんつゆを使う場合は、薄めて必要量を用意してください。
・だし汁は、昆布、かつお節、煮干しなどでとったものを使ってください。
・電子レンジの加熱時間は、600Wのものを基準にしています。500Wの場合は、1.2倍の時間を目安にしてください。機種によっては多少差が出ることもあります。

＊お酒とおつまみのカロリーについて

お酒を飲みながらおつまみを食べても、太らない方法って…？　答えはひとつ、カロリーを合計600kcal 以下にとどめること。女性が太らないための1日あたりの摂取カロリーの目安は、1500kcal。3で割った500kcalが、1食あたりの理想カロリーですが、夜はメインの食事として、少し多めの600kcalがボーダーライン。缶ビール2本で約300kcalなので、おつまみ分は残りの300kcal。これさえ守れば、太ることはないといえるのです。

ビール

（1缶350ml）

147kcal

発泡酒は、やや高めの158kcal。糖質ゼロの発泡酒は、アルコール分によって84～119kcal。新ジャンルも、アルコール分によって123～179kcal。

赤・白ワイン

（グラス1杯＝100ml）

73kcal

赤と白は同じカロリー。ロゼのみ、少し高めの77kcal。

ハイボール

（1缶350ml）

172kcal

市販の缶入りハイボールの場合。130～210kcalと、多少幅がある。ただし糖質はゼロ、もしくはほぼゼロで太りにくい。

焼酎

（1合＝180ml）

263kcal

米、麦、いも、黒糖、そばなど、原料の風味が残る本格焼酎の場合（焼酎乙類）。ちなみに甲類は、1合＝371kcalとやや高め。

日本酒

（1合＝180ml）

196kcal

一般的な上撰（普通酒）の場合。吟醸酒は1合＝187kcal、純米酒は185kcal。

＋

おつまみ

＝　**600kcalに！**

1

1人分50kcal以下の すぐでき！やせつまみ

キャベツ、きゅうり、大根などの生野菜や、
ちくわ、かまぼこを切るだけ、あえるだけ。
そんな、さっと作って出せるつまみたちです。
まず、野菜を食べてからお酒を飲むと、
悪酔いもせず、血糖値の急上昇を避けられて、
太りやすくなるのを防ぐ効果も。
長いも、めかぶなどのぬめりのある食材は、
胃にやさしく、翌日のお通じも期待できますよ！

きゅうりのコチュジャンあえ

1人分 30kcal

きゅうりは糖質もほとんどない、
やせ野菜。塩分を体外に出す
カリウムを多く含み、
翌朝、むくみにくくなるという
うれしいおまけつき。

● 材料（2人分）

きゅうり（すりこ木でたたき、
　ひと口大に割る）… 2本

A
- コチュジャン … 大さじ1/2
- しょうゆ、ごま油 … 各小さじ1/3
- にんにく（すりおろす）… 少々

白いりごま … 少々

1. ボウルにAを入れて混ぜ、きゅうりを加えてあえる。器に盛り、白ごまをふる。

コチュジャンは、もち米に米こうじや砂糖、粉唐辛子を加えて発酵させた、韓国の唐辛子みそ。甘みもあり、こっくりとした味わい。あえもの、たれや鍋の味つけなどに重宝する。

ちぎり塩カレーキャベツ

1人分 24kcal

キャベツは大きめにちぎって
かみごたえを出せば、ぐんと満足感が出ます。
酢を加えて、味なじみをよくするのがコツ。

● 材料（2人分）

キャベツ（ひと口大にちぎる）… 4枚

A
- 塩、酢 … 各小さじ1/2
- カレー粉 … 小さじ1/4

1. ボウルにキャベツとAを入れ、手でよくもみ込む。

ザーサイ長ねぎあえ

長ねぎはまず、縦半分に切ってから斜め薄切りにするのがポイント。繊維が断たれて、ザーサイとよくからみます。

1人分
22kcal

● 材料(2人分)

味つきザーサイ(びん詰・せん切り)
…約$\frac{1}{3}$びん(30g)
長ねぎ(縦半分に切り、斜め薄切り)…$\frac{1}{2}$本
ごま油、豆板醤《トウバンジャン》…各小さじ$\frac{1}{3}$

1. ボウルに材料をすべて入れ、よくあえる。

にんにくピリ辛枝豆

にんにくと赤唐辛子を加えてゆでるから、ピリ辛味がしみて、おいしさとびっくり。多めに作って、ぜひストックを!

1人分
50kcal

● 材料(2人分)

枝豆(両端を切る)…2カップ(150g)

A
- しょうゆ…大さじ1
- にんにく(半分に切る)…1かけ
- 赤唐辛子…1本
- 水…$\frac{1}{2}$カップ

1. 鍋にAを入れて煮立たせ、枝豆を加えてふたをし、中火で5分ゆでる。
＊冷凍の枝豆を使う場合は、凍ったまま加え、ゆで時間は2〜3分
＊ゆで汁ごと冷蔵室で2〜3日保存可。多めに作っておくと、だんだん味がしみておいしい

しらたきのにんにく明太炒め

1人分 43kcal

しらたきは1袋わずか12kcal！
バターをちょっぴり加えることで、
コクと風味が増して、満足感もたっぷり。

● 材料（2人分）

しらたき（ざく切り）… 1袋（200g）

A
- 明太子（薄皮を除く）… $\frac{1}{2}$腹（1本・22.5g）
- 酒、水 … 各大さじ1
- バター … 小さじ1
- 塩、にんにく（すりおろす）… 各少々

1. しらたきは熱湯でさっとゆでて湯をきり、Aとともにフライパンに入れ、菜箸で混ぜながらパラパラになるまで中火でいりつける。

たたき長いもの明太あえ

1人分 38kcal

長いもの粘り成分は、薬膳でも
体の調子を整えるといわれています。
大きめにたたけば、食べごたえもアップ。

● 材料（2人分）

長いも … 5cm（80g）

A
- 明太子（薄皮を除く）… $\frac{1}{2}$腹（1本・22.5g）
- しょうゆ、酒 … 各小さじ$\frac{1}{4}$

一味唐辛子 … 少々

1. 長いもは皮をむいてポリ袋に入れ、すりこ木でたたく。混ぜたAに加えてあえ、器に盛って一味唐辛子をふる。

かぶのたらこあえ

皮においしさが詰まっているので、
ぜひむかずに食べましょう。
切ると軽くぬめりが出て、味がよくからみます。

1人分
37kcal

● 材料（2人分）

かぶ（皮つきのまま薄切り）… 2個

A
- たらこ（薄皮を除く）… ½腹（1本・22.5g）
- ごま油 … 小さじ⅓
- しょうが、にんにく（ともにすりおろす）… 各少々

かぶの葉（小口切り）… 少々

1. ボウルにAを入れて混ぜ、かぶとかぶの葉を加えてあえる。

梅めかぶ

食物繊維が多く、粘りけが強いめかぶは、
やせつまみの代表選手。
翌朝は、間違いなくお腹すっきり。

1人分
22kcal

● 材料（2人分）

めかぶ（味つけしていないもの）… 3パック（150g）

A
- 梅干し（たたく）… 大さじ1
- 砂糖 … 小さじ½
- しょうゆ … 小さじ¼
- 削り節 … 2パック（5g）

1. 器にめかぶを盛り、混ぜたAをのせ、全体を混ぜて食べる。

鮭フレークおろし

1人分
26kcal

鮭フレークは塩けが強いので、
大根おろしをプラスして
マイルドな味わいに。
レモンの酸味をきかせて、
あと味さっぱりと。

● 材料(2人分)

鮭フレーク(びん詰)… 大さじ2

A | 大根おろし(水けを軽くきる)
… $1/2$カップ(100g)
レモン汁 … 大さじ1
塩 … 少々

レモン … 適量

1 ボウルに鮭フレークとAを
入れてあえ、
器に盛ってレモンを添える。

おろし納豆ゆずこしょう風味

1人分
34kcal

納豆に大根おろしを合わせると、
粘りが抑えられて
食べやすくなります。
消化酵素が多い大根は、
おつまみにも大歓迎。

● 材料(2人分)

納豆 … $1/2$パック(25g)

A | 大根おろし(水けを軽くきる)… $1/2$カップ
ゆずこしょう … 小さじ$1/2$
塩 … 少々

ゆずこしょう … 少々

1 器に混ぜたAを盛り、納豆と
ゆずこしょうをのせ、全体を混ぜて食べる。

ゆずこしょうは、九州の名産品で、青ゆずの皮と青唐辛子を塩だけで練り上げたもの。九州では唐辛子を「こしょう」と呼ぶため、この名称が。あえもののほか、うどんや鍋ものに加えるとおいしい。

どっさり白髪ねぎとメンマのせ冷ややっこ

シャキシャキの白髪ねぎとメンマは、最高においしい組み合わせ。
薬味というより、メインのような存在感！

1人分 40kcal

● 材料（2人分）

木綿豆腐（厚みを半分に切る）… 1/4 丁（75g）

A
- 長ねぎ（5cm長さのせん切りにし、水にさらす）… 1/2 本
- 味つきメンマ（びん詰・手で細くさく）… 1/2 びん（50g）
- 塩 … 少々

粗びき黒こしょう … 少々

1. ボウルにAを入れて混ぜ、器に盛った豆腐にのせ、黒こしょうをふる。

長ねぎのせん切り（白髪ねぎ）は、長ねぎの白い部分に縦に切り目を入れ、まん中の黄色い芯を除く。白い部分を重ねて押さえ、端から細く切り、水にさっとさらす。

ザーサイきゅうりのせ冷ややっこ

きゅうりで歯ごたえと清涼感を、
ザーサイでうまみと風味をプラス。
ラー油でパンチをきかせて、
おつまみらしく。

1人分 41kcal

● 材料（2人分）

木綿豆腐（4等分に切る）… 1/4 丁（75g）

味つきザーサイ（びん詰・せん切り）… 1/5 びん（20g）

きゅうり（長さを半分に切り、せん切り）… 1/2 本

ラー油 … 少々

1. 器に豆腐を盛り、きゅうりとザーサイをのせ、ラー油をかける。

セロリいかくんレモンあえ

1人分 35kcal

いかくんからいいだしが出て、
あえるだけで深みのある味わいに。
30分以上なじませるのがおすすめ。

● 材料（2人分）

セロリ（斜め薄切り）… $1/2$ 本
いかのくんせい（粗く刻む）
　… ふたつまみ（30g）
レモン汁 … 大さじ1
塩 … 少々

1　ボウルに材料をすべて入れ、
よくあえる。
＊冷蔵室で2〜3日保存可。時間がたつと
浅漬けっぽくなっておいしいので、
どっさり作って、ぜひストックを

長いもの高菜のせ

1人分 36kcal

うまみ十分の高菜があれば、
調味料いらず。
長いもは長いままません切りにして、
めんのようにツルツルッと食べましょう。

● 材料（2人分）

長いも（せん切り）… 6cm（100g）
高菜漬け（さっと水洗いし、せん切り）
　… $1/4$ カップ（40g）
一味唐辛子 … 少々

1　器に長いもと高菜を盛り、
一味唐辛子をふり、
全体を混ぜて食べる。
＊ごま油をちらっとかけて
食べてもおいしい

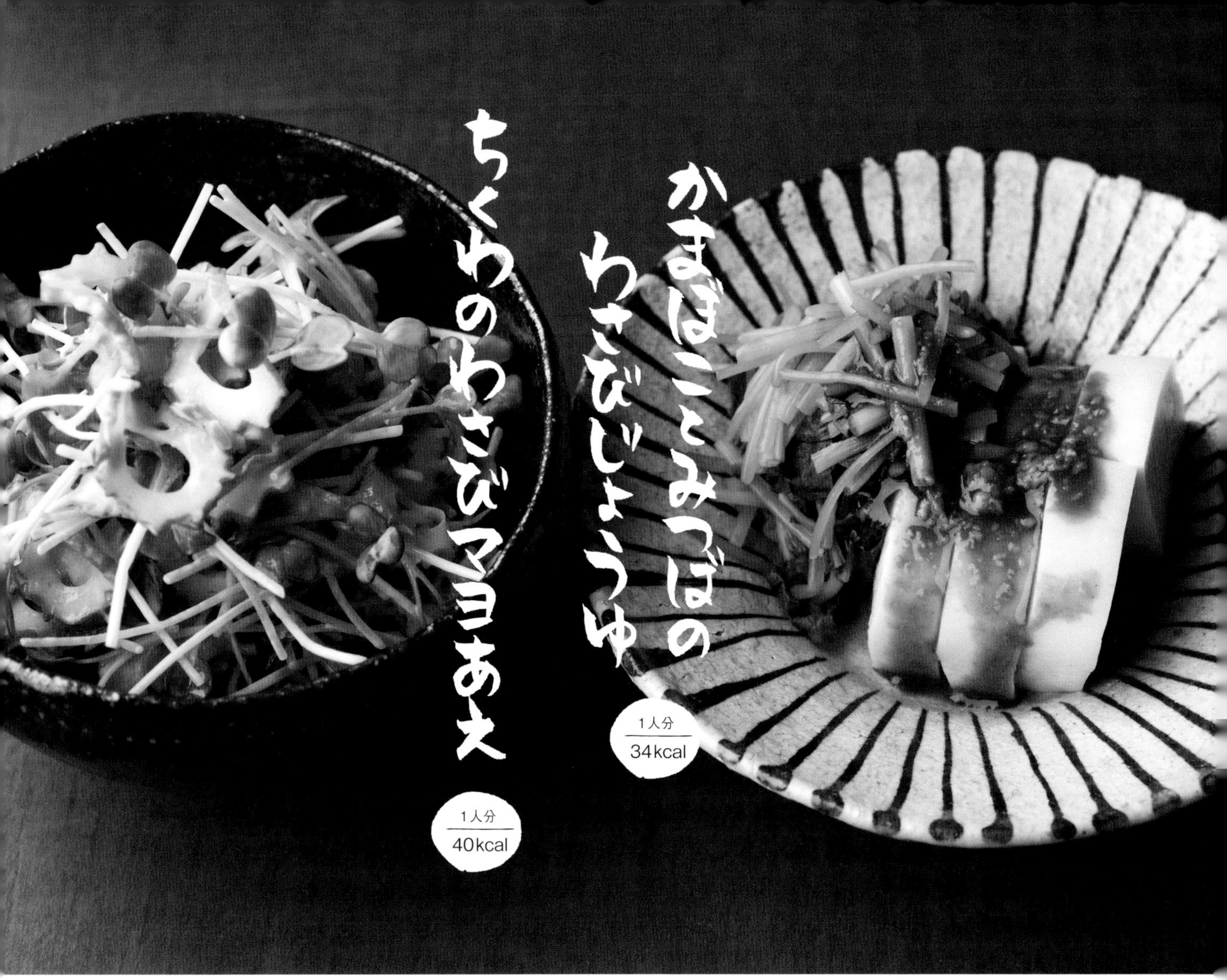

かまぼことみつばのわさびじょうゆ

1人分
34kcal

かまぼこといえば、
わさびじょうゆが定番の組み合わせ。
香りの野菜を合わせれば、
しょうゆは少しでOK。

● 材料（2人分）

かまぼこ（1cm厚さに切り、
半分に切る）… 3cm（50g）
糸みつば … 4株
A｜しょうゆ、おろしわさび
｜… 各小さじ1/2

1. みつばはさっとゆでて水けを絞り、
3cm長さに切り、
かまぼことともに器に盛る。
混ぜたAをかける。

ちくわのわさびマヨあえ

1人分
40kcal

とある居酒屋の人気ナンバーワンメニューと
知人に教えてもらった、このひと皿。
わさび漬けの辛みが、マヨでマイルドに。

● 材料（2人分）

ちくわ（薄い小口切り）… 2本（50g）
かいわれ（根元を切り、
長さを半分に切る）… 1パック
A｜わさび漬け … 大さじ1/2
｜マヨネーズ … 小さじ1
｜しょうゆ … 少々

1. ボウルにAを入れて混ぜ、
ちくわとかいわれを加えてあえる。
＊かいわれの代わりに、みつばでもOK

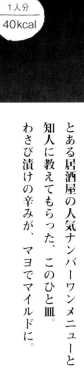

たこのカルパッチョ中華風

1人分
43kcal

香味野菜を1つ2つ加えると、
ぐんとおつまみ感が増すカルパッチョ。
ナンプラー＋香菜《シャンツァイ》のエスニック版もぜひ。

● 材料（2人分）

ゆでだこの足（薄切り）… 小1本（60g）
長ねぎ（せん切りにし、水にさらす）
… 5cm
A | しょうが（すりおろす）… $\frac{1}{2}$かけ
ごま油 … 小さじ$\frac{1}{2}$
ポン酢じょうゆ … 小さじ2
粗びき黒こしょう … 少々

1. 器にたこを並べ、Aを順にかけ、長ねぎをのせて黒こしょうをふる。

たこのにんにくラー油あえ

1人分
44kcal

低脂肪であっさりしているたこには、
青じそやにんにく、ラー油をプラス。
これで、ぐっとボリューム感のあるおつまみに。

● 材料（2人分）

ゆでだこの足（ひと口大に切る）
… 小1本（60g）
A | 青じそ（粗みじん切り）… 5枚
にんにく（みじん切り）… $\frac{1}{3}$かけ
ラー油 … 小さじ$\frac{1}{2}$
塩 … 少々

1. ボウルにAを入れて混ぜ、たこを加えてあえる。

いかげそ焼き

1人分
50kcal

しょうゆの香ばしい香りだけで、
ビールが飲めそうな居酒屋の定番つまみ。
フライパンでさっと焼くだけだから、かーんたん。

● 材料（2人分）

するめいかの足 … 1ぱい分（85g）

A｜しょうゆ … 小さじ2
｜みりん、酒 … 各小さじ1

B｜マヨネーズ、七味唐辛子 … 各少々

1 フライパンを何もひかずに熱し、いかの足をヘラで押しつけながら中火で焼き、両面がこんがりしたらAをからめる。食べやすく切って器に盛り、好みでBを添える。

こんにゃくピリ辛炒め

1人分
38kcal

こんにゃくは、100gたったの5kcal！
味がからみやすいように手でちぎり、
濃いめの味つけでパパッと仕上げましょう。

● 材料（2人分）

こんにゃく（ひと口大にちぎる）
… 1枚（200g）

豆板醤《トウバンジャン》 … 小さじ$\frac{1}{2}$

A｜しょうゆ … 小さじ2
｜削り節 … 2パック（5g）

ごま油 … 小さじ1

1 こんにゃくは熱湯でさっとゆでて湯をきり、ごま油を熱したフライパンに豆板醤とともに入れ、油が回るまで中火で炒める。Aを加え、汁けがなくなるまで炒める。

しらすみょうがあえ

1人分
36kcal

しらすの塩分だけで、調味料いらず。
みょうが、ごまの香りとともに楽しみます。
ごはんにかけて食べてもいけますよ。

● 材料（2人分）

しらす … 1/2カップ（50g）
みょうが（小口切りにし、水にさらす）… 2個
白すりごま … 小さじ1

1. ボウルに材料をすべて入れ、よくあえる。

とんぶりと大根のレモンじょうゆあえ

1人分
39kcal

プチプチの食感が楽しいとんぶりは、
悪酔いを防ぐ効果もあるそう。
大根の辛み、レモンの酸味で複雑な味わいに。

● 材料（2人分）

とんぶり … 大さじ4（50g）
大根（せん切り）… 5cm
レモン汁 … 大さじ1/2
しょうゆ … 小さじ1

1. ボウルに材料をすべて入れ、よくあえる。

焼きのりの万能ねぎごまあえ

万能ねぎに先に味つけすると、のりの香りが引き立ちます。くるんとさせた万能ねぎは、食べやすく、味なじみも抜群。

1人分
29kcal

● 材料（2人分）

焼きのり（ちぎる）… 全形2枚
万能ねぎ（斜め薄切りにし、水にさらす）… 5本
A ごま油 … 小さじ$\frac{1}{2}$
塩 … 小さじ$\frac{1}{4}$
白すりごま … 小さじ2

1 ボウルに万能ねぎを入れ、Aを順に加えてあえ、のりを加えてひと混ぜする。

ポイント

万能ねぎは斜め薄切りにして水にさらし、くるくる混ぜ、くるんとカールさせる。これでボリュームが出て、味もよくからむ。

韓国のりのおろしあえ

大根おろしは水けをぎゅっと絞ると、パサつくので気をつけて。自然にきるくらいでOKです。韓国のりで味を決めれば、この上ない手軽さ。

1人分
32kcal

● 材料（2人分）

韓国のり（大きめにちぎる）… 1パック（小12枚）
大根おろし（水けを軽くきる）
… 8cm 分（1カップ）
粗びき唐辛子（または一味唐辛子）… 少々

1 ボウルに材料をすべて入れ、よくあえる。

たたききゅうりの塩昆布レモンあえ

塩昆布の塩けだけで、おいしく食べられます。
むくみの原因となるのは、塩分＋お酒。
きゅうりは、塩分を体外に出すカリウムを
多く含む優秀野菜。ぜひ積極的に食べて。

1人分
27kcal

● 材料（2人分）

きゅうり（すりこ木でたたき、ひと口大に割る）… 2本
塩昆布 … ふたつまみ
レモン汁 … 大さじ1
ごま油 … 小さじ1/2

1 ボウルに材料をすべて入れ、よくあえる。

オニオンスライス梅だれがけ

梅肉だけだと、味がからみにくいので、
だしや水でのばすのがコツ。
玉ねぎは切ってから15分以上おくと、
血液サラサラ効果がさらにアップします。

1人分
37kcal

● 材料（2人分）

玉ねぎ（薄切りにし、水にさらす）… 小1個
A 梅干し（たたく）… 大さじ1/2
　だし汁（または水）… 大さじ1
　しょうゆ … 小さじ1/3
白いりごま … 少々

1 器に水けをしっかりきった玉ねぎを盛り、混ぜたAをかけ、白ごまをふる。

焼き枝豆カレー塩

油＋水をからめれば、ふっくらと。
でも、油はさやの中までは
しみ込まないので、ご安心を。
ゆでるより栄養が逃げないのもマル。

1人分 47kcal

● 材料（2人分）

枝豆（さやのまん中に1cm幅の切り込みを入れる）
…$1\frac{1}{2}$カップ（120g）

A｜オリーブ油 … 小さじ$\frac{1}{3}$
　｜水 … 小さじ1

B｜カレー粉 … 小さじ$\frac{1}{2}$
　｜塩 … ひとつまみ

(1) 枝豆は混ぜたAを全体にからめ、熱した焼き網（またはフライパン）の中火でこんがり焼く。器に盛り、混ぜたBをふる。

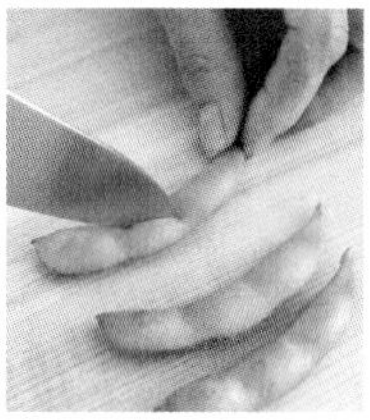

ポイント

枝豆は、包丁でさやのまん中に1cm幅の切り込みを入れるのがおすすめ。こうしておくと、味がよくなじみ、あとで食べやすい。

塩もみキャベツ中華風

塩でもむとカサが減り、たっぷり食べられます。
やや多めの塩ですが、水洗いすれば大丈夫。
少しのラー油で、満足感をアップさせます。

1人分 43kcal

● 材料（2人分）

キャベツ（ひと口大に切る）… 5枚
塩 … 小さじ1

A｜酢 … 小さじ1
　｜ラー油 … 小さじ$\frac{1}{2}$

ラー油 … 少々

(1) キャベツは塩をふってもみ、しんなりしたらさっと洗って水けを絞り、Aを加えてあえる。器に盛り、ラー油をかける。

たたき長いものゆかりあえ

ゆかりに酢を加えると、
パッと色鮮やかになります。
長いもはすりこ木でたたいて、
味のしみ込みをよくするのがポイント。

1人分
45kcal

● 材料（2人分）

長いも … 8cm（150g）
A｜ゆかり、酢 … 各小さじ1

1 長いもは皮をむいてポリ袋に入れ、すりこ木でたたき、Aとともにボウルに入れ、よくあえる。

赤じその豊かな香りが特徴のゆかり。塩分はやや高めだけれど、きゅうりやキャベツ、大根などの生野菜とあえるだけで、手軽においしいつまみが作れる。

長いものりつくだ煮からしあえ

のりのつくだ煮は、少量でもうまみたっぷり！
からしやわさびと合わせて使うのがコツです。
かいわれの辛みで、あと味はキリリ。

1人分
50kcal

● 材料（2人分）

長いも（5mm厚さの半月切り）… 8cm（150g）
かいわれ（長さを半分に切る）… 1/4パック
のりのつくだ煮 … 大さじ1
練りがらし … 小さじ1/2

1 ボウルに材料をすべて入れ、よくあえる。

ちくわの梅おかかあえ

ちくわに梅、おかか、しょうゆの順に加えると、味がしっかりからんで、よりおいしく。ごく薄切りにして、新しい食感も楽しんで。

1人分 40kcal

● 材料（2人分）

ちくわ（薄い小口切り）… 2本（70g）

A
- 梅干し（たたく）… 大さじ1/2
- 削り節 … 1パック（2.5g）
- しょうゆ … 少々

しょうが（すりおろす）… 少々

1. ボウルにちくわを入れ、Aを順に加えてあえ、器に盛ってしょうがをのせる。

ちくわのわさびごまあえ

こちらは、よりボリュームのある切り方で。マヨネーズを少量加えると、コクが出て、おつまみ感が増します。

1人分 50kcal

● 材料（2人分）

ちくわ（縦半分に切り、斜め切り）… 2本（70g）

A
- しょうゆ … 小さじ1/2
- マヨネーズ … 小さじ1/3
- おろしわさび … 小さじ1/2
- 白すりごま … 小さじ1

おろしわさび … 少々

1. ボウルにちくわを入れ、Aを順に加えてあえ、器に盛ってわさびをのせる。

かまぼこの豆板醤《トウバンジャン》おろしあえ

1人分
49kcal

かまぼこ、豆板醤《トウバンジャン》ともに塩分があるので、むくみ注意。食べすぎには気をつけましょう。大根おろしはざるに上げ、自然に水けをきって。

● 材料(2人分)

かまぼこ(細切り)… 4cm(80g)
大根おろし(水けを軽くきる)
… 4cm分(1/2カップ)
豆板醤《トウバンジャン》 … 小さじ1
塩 … 少々

1 ボウルに材料をすべて入れ、よくあえる。

かまぼこのなめたけにんにくあえ

1人分
37kcal

お酒によく合う、なめたけが味の決めて。仕上げにオリーブ油をかけることで、にんにくのパンチのある香りをややマイルドにします。

● 材料(2人分)

A | かまぼこ(1cm角に切る)… 3cm(60g)
| なめたけ(びん詰)… 大さじ1
| にんにく(みじん切り)… 1/2かけ
オリーブ油 … 少々

1 ボウルにAを入れてあえ、器に盛ってオリーブ油をかける。

高菜と万能ねぎのくずし豆腐あえ

1人分
46kcal

高菜は細かく刻んで、全体になじませて。
塩けが強い時は、少し水につけて塩抜きを。
豆腐はあとから加えると、味がまとまります。

● 材料（2人分）

A 高菜漬け（さっと洗い、みじん切り）
… 1/4カップ（40g）
万能ねぎ（小口切り）… 2本

B 木綿豆腐（キッチンペーパーで水けをふく）… 1/3丁（100g）
塩、一味唐辛子、ごま油 … 各少々

一味唐辛子 … 少々

1. ボウルにAを入れて混ぜ、Bを順に加えてあえ、器に盛って一味をふる。

とんぶりわさびのせ冷ややっこ

1人分
47kcal

とんぶりは100gあたり90kcalと、
意外と高カロリーなのでご用心。
わさびとともにプチプチ食感を楽しむ、
上品な味わいのひと皿です。

● 材料（2人分）

絹ごし豆腐（1cm厚さに切る）
… 1/3丁（100g）

A とんぶり … 大さじ2
おろしわさび … 小さじ1

しょうゆ … 少々

1. 器に豆腐を盛り、ざっくり混ぜたAをのせ、しょうゆをかける。

大根のゆずこしょうあえ

1人分 25kcal

大根は、ピーラーで薄くスライスしたあと短冊切りにすると、味がよくなじみます。水が出やすいので、作ったらすぐに食べて。

● 材料（2人分）

大根（4cm長さの短冊切り）… 8cm

A しょうゆ … 小さじ1
ゆずこしょう … 小さじ$\frac{1}{2}$〜1
だし汁（または水）… 大さじ1

1 ボウルにAを入れて混ぜ、
大根を加えてあえる。

にんじんのもみのりナムル

1人分 50kcal

にんじんはピーラーで切ると、断面に凹凸ができて、早く味がしみ込みます。のりはあとから加えて、香りを立たせて。

● 材料（2人分）

にんじん（ピーラーでリボン状に
スライスする）… 1本

A ごま油 … 小さじ1
塩 … 小さじ$\frac{1}{3}$
にんにく（すりおろす）… 少々

焼きのり（ポリ袋に入れ、手で細かくもむ）
… 全形1枚

1 ボウルににんじんを入れ、
Aを順に加えてあえ、
のりを加えてひと混ぜする。

めかぶと玉ねぎのしょうがめんつゆがけ

1人分 44kcal

新玉ねぎなら、水にさらす必要はありません。食物繊維たっぷりのめかぶは、どっさり食べたいおすすめ食材ナンバーワン！

● 材料（2人分）

めかぶ（味つけしていないもの）
… 2パック（100g）
玉ねぎ（横に薄切りにし、水にさらす）… 小1個
めんつゆ（ストレート）… 大さじ3
しょうが（すりおろす）… 少々

1. 器に玉ねぎ、めかぶ、しょうがを盛り、めんつゆをかける。

もずくのおかかおろしのせ

1人分 28kcal

もずくは、ほとんどが水分というヘルシー食材。満足感が得られ、食べすぎ防止に効果的です。削り節を混ぜた大根おろしは、うまみも十分。

● 材料（2人分）

もずく（味つけしていないもの）
… 100g
A ｜ 大根おろし（水けを軽くきる）
… 8cm分（1カップ）
｜ 削り節 … 1パック（2.5g）
ポン酢じょうゆ … 小さじ2

1. 器にもずく、混ぜたAを盛り、ポン酢じょうゆをかける。

たこときゅうりのみそ豆板醤《トウバンジャン》あえ

調味料にまずたこを加えると、
うまみがうつって、おいしさがぐんとアップ。
それからきゅうりを加えるのが、
上手に作るポイントです。

1人分
45kcal

● 材料（2人分）

ゆでだこの足（薄切り）… 1/2本（50g）
きゅうり（すりこ木でたたき、ひと口大に割る）… 1本
A | みそ … 小さじ2
レモン汁 … 小さじ1
豆板醤《トウバンジャン》 … 小さじ1/2

1. ボウルにAを入れて混ぜ、
たこ、きゅうりを加えてあえる。

ザーサイおろし

あえてから少しおいて食べたほうが、
ザーサイの味が大根おろしにしみておいしい。
少量のラー油が、味の決めてです。

1人分
35kcal

● 材料（2人分）

A | 味つきザーサイ（びん詰）… 1/2びん（50g）
大根おろし（水けを軽くきる）
… 8cm分（1カップ）
ラー油 … 少々

1. ボウルにAを入れてあえ、
器に盛ってラー油をかける。

レンチンキャベツのメンマあえ

キャベツの水けをしっかりふくのを忘れずに。メンマは手で細くさくと、全体に味がなじんで、調味料の役目も。

1人分
49kcal

● 材料（2人分）

キャベツ（ひと口大にちぎる）… 4枚
ごま油 … 小さじ $\frac{1}{2}$
A｜味つきメンマ（びん詰・手で細くさく）… $\frac{1}{2}$びん（50g）
　｜塩、粗びき黒こしょう … 各少々

1. 耐熱ボウルにキャベツを入れ、ごま油をまぶし、ラップをかけて電子レンジ（600W）で3分30秒加熱し、ペーパーで水けをふく。Aを加えてあえ、器に盛って黒こしょう少々（分量外）をふる。

ポイント

キャベツは電子レンジでチンしたら、水けと油をキッチンペーパーでふくのがコツ（熱いので注意）。これで味がしっかり決まる。

レンチンもやしの野沢菜あえ

野沢菜は味つけ役と、食感のアクセントにも。七味唐辛子などの香辛料を加えると、味にメリハリがついて、一気につまみっぽく。

1人分
22kcal

● 材料（2人分）

もやし（たっぷりの水につけ、水けをきる）… 1袋（200g）
A｜野沢菜漬け（小口切り）… $\frac{1}{4}$カップ（60g）
　｜しょうゆ … 小さじ1
七味唐辛子 … 少々

1. 耐熱ボウルにもやしを入れ、ラップをかけて電子レンジ（600W）で3分加熱し、キッチンペーパーで水けをふく。Aを加えてあえ、器に盛って七味をふる。

もやしとメンマのスープ

1人分 14kcal

安くて、食べごたえのあるもやしは、〆《シメ》のスープでも大活躍。メンマを加えれば、ラーメンスープのような味わいに。

● 材料（2人分）

もやし … $\frac{1}{2}$袋（100g）
味つきメンマ（びん詰・手で細くさく）
　… 約$\frac{1}{3}$びん（30g）
A｜鶏ガラスープの素 … 小さじ1
　｜水 … 2カップ
しょうゆ … 小さじ1

1 鍋にA、もやし、メンマを入れて火にかけ、煮立ったらしょうゆで味つけする。

わかめとしょうがのラー油スープ

1人分 13kcal

ラー油入りのピリ辛スープには、あえて和風だしを合わせて、ひとヒネリ。しょうがのピリリがアクセントです。

● 材料（2人分）

塩蔵わかめ（水に5分つけて戻し、
　ざく切り）… 30g
しょうが（せん切り）… 1かけ
だし汁 … 2カップ
A｜しょうゆ、塩 … 各小さじ$\frac{1}{2}$
ラー油 … 少々

1 鍋にだし汁、しょうが、わかめを入れて火にかけ、煮立ったらAで味つけし、仕上げにラー油を回しかける。

えのきと玉ねぎのカレースープ

1人分 39kcal

玉ねぎを油なしでしんなりと炒め、
そこにカレー粉をからめるのがコツ。
味がなじんで、スープ全体がまとまります。

● 材料（2人分）

えのきだけ（1cm幅に切り、
ほぐす）… 小1袋
玉ねぎ（薄切り）… ½個
カレー粉 … 小さじ1

A	固形スープの素 … 1個 水 … 2カップ にんにく（すりおろす）… 少々
B	ケチャップ … 小さじ1 塩 … 小さじ⅓

① 鍋を何もひかずに熱し、
玉ねぎを中火で炒め、
しんなりしたらカレー粉をふり、
香りが出るまで炒める。

② Aとえのきを加え、
煮立ったらBで味つけする。

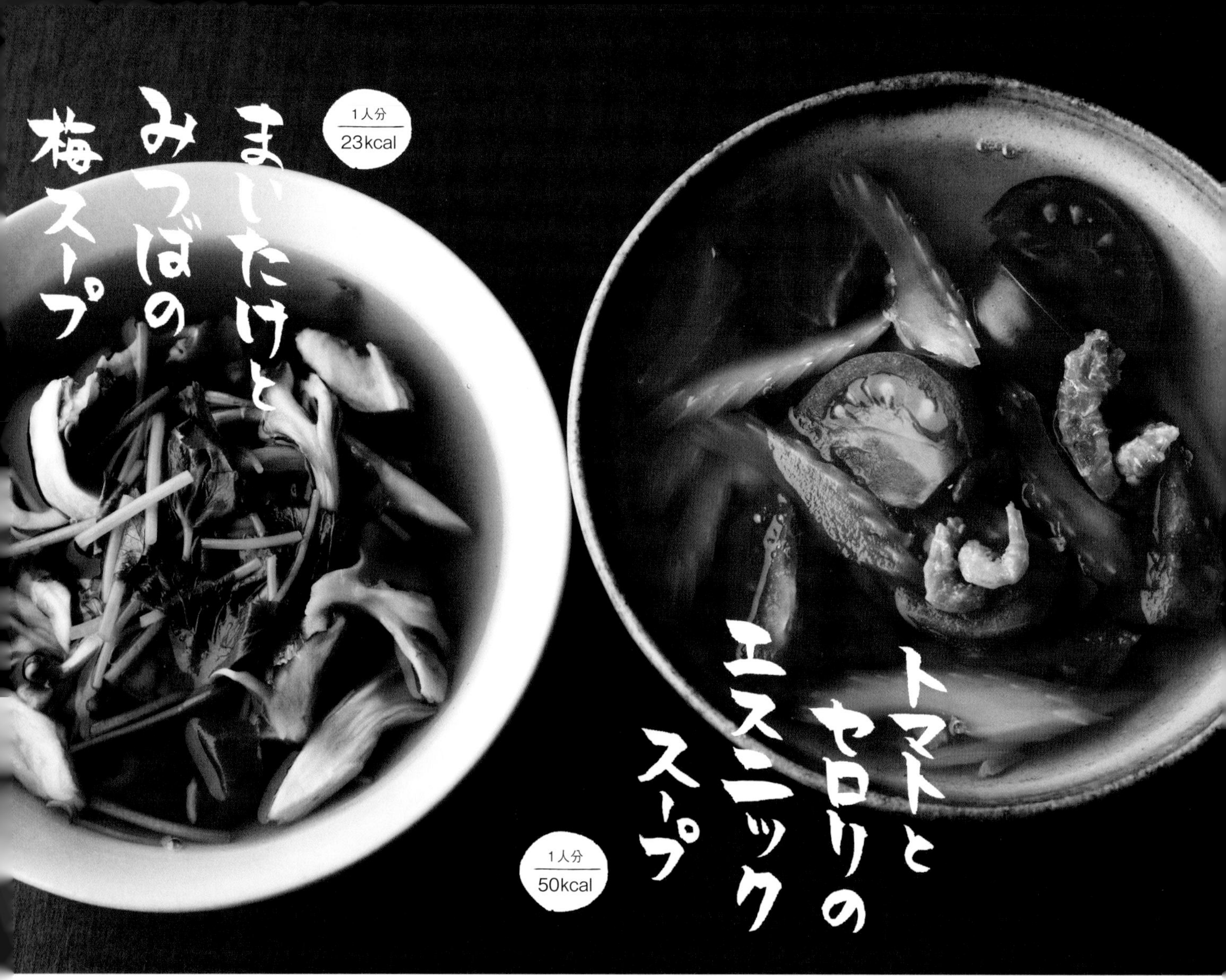

トマトとセロリのエスニックスープ

1人分
50kcal

干しえびのだしが、口いっぱいに！
手に入らなければ、桜えびでもOKです。
好みでレモン汁を加えてもおいしい。

● 材料（2人分）

トマト（8等分のくし形切り）… 小2個
セロリ（斜め薄切り）… $\frac{1}{2}$ 本
A | 干しえび … 大さじ2（20g）
　| 水 … 2カップ
酒 … 大さじ1
B | ナンプラー … 小さじ1
　| 塩 … 少々

1. 鍋にAを入れて弱火にかけ、煮立ったらアクをとり、トマト、セロリ、酒を加えて強火で2〜3分煮、Bで味つけする。

まいたけとみつばの梅スープ

1人分
23kcal

梅干しの酸味で、あと味さっぱり。
まいたけとみつばの香りを楽しむ、
飲んだ翌日にもぴったりな汁ものです。

● 材料（2人分）

まいたけ（ほぐす）… 小1パック
糸みつば（3cm長さに切る）… 1株
梅干し（ちぎる）… 1個
だし汁 … 2カップ
A | しょうゆ、みりん … 各小さじ1

1. 鍋にだし汁、梅干しを入れて火にかけ、煮立ったらまいたけ、みつばを加えてひと煮し、Aで味つけする。

2

1人分50kcal以下の 野菜どっさり！の やせつまみ

野菜たっぷりで、食べごたえのあるおつまみ？
ええ、あります、ありますとも。
野菜はゆでたり、焼いたりすることで、
うまみがぎゅぎゅっと凝縮。
塩昆布やじゃこ、たらこや明太子を合わせたり、
一味やカレー粉、ゆずこしょうをきかせれば、
おかわり殺到の野菜メニューが続々誕生！

キャベツの塩昆布じゃこあえ

1人分
43kcal

塩昆布だけでもおいしいところを
じゃこも加えて、さらにうまみアップ。
レモン汁の酸味がポイントで、
これで味が引きしまります。
全体をよーく混ぜて食べるのがおすすめ。

● 材料（2人分）

キャベツ（せん切り）… 4枚
塩昆布（細切り）、ちりめんじゃこ
　… 各大さじ1
レモン汁 … 小さじ1
ごま油 … 小さじ½

1 ボウルに材料をすべて入れ、よくあえる。

塩昆布は、昆布をしょうゆと砂糖などでやわらかく煮、汁けをきって乾燥させ、塩などをまぶしたもの。おにぎりやお茶漬けの具、あえもの、汁ものにもぴったり。

ブロッコリーの明太マヨあえ

野菜がおいしくなる、魔法の明太マヨ。
多めの明太子に、小さじ1のマヨネーズ。
このバランスなら、カロリー控えめです。

1人分
44kcal

● 材料（2人分）

ブロッコリー（小房に分ける）… ½株

A
- 明太子（薄皮を除く）… ½腹（1本・22.5g）
- マヨネーズ … 小さじ1
- しょうゆ … 少々

1. ブロッコリーは塩少々（分量外）を加えた熱湯でゆで、湯をきり、混ぜたAを加えてあえる。

大根のピリ辛キムチ風

大根で作るキムチ、
「カクテキ」のイメージで。
うまみの素の削り節を加えれば、
即席漬けでも、味は本格派。

1人分
36kcal

● 材料（2人分）

大根（皮つきのまま1.5cm角に切る）… 8cm

塩 … 小さじ1

A
- しょうが（すりおろす）… 1かけ
- にんにく（すりおろす）… 1かけ
- 削り節（指ですりつぶす）… 大さじ1
- しょうゆ … 小さじ1
- 砂糖、粉唐辛子＊ … 各小さじ½

＊または、一味唐辛子少々

1. 大根はポリ袋に入れ、塩をふってもみ、空気を抜いて15分おき、しんなりしたら水けを絞る。混ぜたAを加えてあえる。

サニーレタスと韓国のりのサラダ

サニーレタスと同量くらいの
韓国のりを加えると、
両方のおいしさが引き立ちます。
黒こしょうをガリガリッで、
香りをプラス。

1人分
29kcal

● 材料（2人分）

A | サニーレタス（ひと口大にちぎる）… 4枚
  | 韓国のり（ひと口大にちぎる）… 2パック（小24枚）
  | 塩 … 少々
粗びき黒こしょう … 少々

1. ボウルにAを入れて手でよくあえ、器に盛って黒こしょうをふる。

たたききゅうりとしらすの酢じょうゆあえ

きゅうりは、すりこ木でたたくことで
食べごたえが出て、味もしみやすくなります。
からしをピリッときかせて、おつまみっぽく。

1人分
29kcal

● 材料（2人分）

きゅうり（すりこ木でたたき、ひと口大に割る）… 2本
しらす … 大さじ3
A | 酢、しょうゆ … 各小さじ1
  | 練りがらし … 小さじ1/3

1. ボウルにAを入れて混ぜ、きゅうりとしらすを加えてあえる。

きゅうりと長ねぎのゆずこしょうサラダ

1人分
32kcal

きゅうりは、まん中の種を除いて
パリパリ、シャキシャキの歯ごたえを楽しみます。
ゆずこしょうのピリリとした辛みに
酢と油を1対1で合わせて、風味とコクを加えて。

● 材料（2人分）

きゅうり … 2本
長ねぎ（縦半分に切り、斜め薄切り）… ½本
A | ゆずこしょう、酢、オリーブ油 … 各小さじ½

① きゅうりは縦半分に切り、まん中の種をスプーンでかきとり、斜め薄切りにする。

② ボウルにAを入れて混ぜ、❶と長ねぎを加えてあえる。

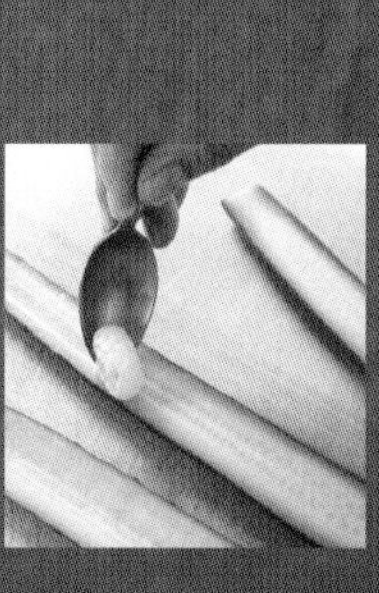

ポイント

きゅうりは縦半分に切り、まん中の種の部分をティースプーンでかきとる。これで水っぽさがなくなって、シャキシャキと心地よい歯ごたえに。

長いもの照り焼き

1人分
50kcal

長いもは、焼き網で焼くと、
おもちのようにもっちりと仕上がります。
みりんじょうゆをからめて、甘辛味に。

● 材料（2人分）

長いも（皮つきのまま長さを半分に切り、
8mm厚さに切る）… 8cm（120g）

A　しょうゆ … 小さじ1
　　みりん … 小さじ$\frac{1}{2}$

1　長いもはハケで断面にオイル水（オリーブ油小さじ1＋水大さじ2）を塗り、焼き網（または魚焼きグリル、フライパン）に並べ、強めの中火で両面をこんがりと焼く。混ぜたAをハケで塗り、さらに焼く。
＊のりを巻いて食べてもおいしい

もやしとえのきのにんにくナムル

1人分
43kcal

低カロリーのあっさり2素材には、
にんにくとごま油で香りをプラス。
塩をややしっかりめに加えると、
味がぼやけません。

● 材料（2人分）

もやし … 1袋（200g）
えのきだけ（長さを半分に切り、
ほぐす）… 小1袋

A　ごま油 … 小さじ1
　　塩 … 小さじ$\frac{1}{2}$
　　にんにく（すりおろす）… 少々

1　熱湯に塩少々（分量外）を加え、もやし、えのきの順にさっとゆで、湯をきる。Aを順に加えてあえる。

水菜とのりのしょうがナムル

1人分 36kcal

先にごま油でコーティングすることで、
シャキシャキの歯ごたえがキープできます。
山盛りの水菜だって、これでペロリです。

● 材料（2人分）

水菜（3cm長さに切る）… 3株

A ごま油 … 小さじ1
　塩 … 小さじ$\frac{1}{3}$
　しょうが（すりおろす）… 少々

焼きのり（ちぎる）… 全形1枚

1. ボウルに水菜を入れ、Aを順に加えてよくあえ、のりを加えてざっと混ぜる。

にんじんの一味ナムル

1人分 46kcal

にんじんの甘さを引き立てる、
しょうゆを少し加えるのがミソ。
一味唐辛子のピリリッもきいてます。

● 材料（2人分）

にんじん（長さを3等分に切り、せん切り）… 1本

A ごま油 … 小さじ1
　塩、しょうゆ … 各小さじ$\frac{1}{4}$
　にんにく（すりおろす）、一味唐辛子 … 各少々

一味唐辛子 … 少々

1. 耐熱ボウルににんじんを入れ、ラップをかけて電子レンジ（600W）で2分加熱し、水けをふいて、Aを順に加えてよくあえる。器に盛り、一味唐辛子をふる。

じゃがいもとセロリの塩きんぴら

1人分
46kcal

じゃがいもだけだと
カロリーオーバーなところを、
セロリを加えてボリュームアップ。
みりんで味にメリハリをつけると、
しっかりおつまみになります。

● 材料（2人分）

じゃがいも（せん切りにし、水にさらす）… ½個
セロリ（5cm長さのせん切り）… 1本
A｜塩 … 小さじ½
　｜みりん … 小さじ1
サラダ油 … 小さじ½
粗びき黒こしょう … 少々

1. フライパンにサラダ油を熱し、水けをふいたじゃがいもを強火で炒め、しんなりしたらセロリを加えて油が回るまで炒める。
2. Aを加え、汁けがなくなるまで炒め、器に盛って黒こしょうをふる。

蒸しなすのピリ辛ねぎだれ

1人分
47kcal

なすは油で焼くより、
蒸したほうが断然ヘルシー。
そのぶん、たれに油を加えてコクを出し、
香味野菜をどっさり加えて、
ぐぐっと味にパンチを！

● 材料（2人分）

なす … 3本

A
- 長ねぎ（みじん切り）… 5cm
- にんにく（すりおろす）… 少々
- しょうゆ … 大さじ ½
- 砂糖、ごま油、豆板醤《トウバンジャン》 … 各小さじ ½
- 塩 … ふたつまみ

① なすはヘタをとって丸ごと耐熱皿にのせ、蒸気の上がった蒸し器に入れ、強火で10分蒸す。

② 冷めたら手で食べやすくさき、器に盛り、Aを混ぜたたれをかける。
＊なすは耐熱皿にのせ、ラップをかけて電子レンジ（600W）で6分加熱してもOK

ゆでピーマンのたらこあえ

1人分
43kcal

ピーマンは繊維を断つように切り、
さっとゆでることで、青くささを軽減。
オリーブ油の香りをきかせるのもコツ。

● 材料（2人分）

ピーマン … 5個

A
- たらこ（薄皮を除く）… ½ 腹（1本・22.5g）
- しょうゆ、オリーブ油 … 各小さじ ½

① ピーマンはヘタと種をとって横にせん切りにし、熱湯でさっとゆでて湯をきり、混ぜたAを加えてあえる。

きゅうり、青唐辛子、紫玉ねぎのサラダ

1人分 38kcal

以前、中国の旅行先で食べたサラダを
ごま油と塩でシンプルにアレンジ。
青唐辛子の辛み、香りを存分に味わいます。

● 材料（2人分）

きゅうり … 1/2本
青唐辛子（種を除き、せん切り）… 3本
紫玉ねぎ（薄切りにし、水にさらす）… 1/2個
A ｜ごま油 … 小さじ1/2
　｜塩 … 小さじ1/3

1. きゅうりは縦半分に切り、
まん中の種を
スプーンでかきとり（p35参照）、
斜め薄切りにする。
残りの野菜とともにボウルに入れ、
Aを順に加えてあえる。

おろし大根と長いものわさびめんつゆがけ

1人分 35kcal

大根おろしの上に、長いもをとろり。
めんつゆをかけて、わさびを添えるだけなのに、
ねばねば&さっぱりがおいしいんです。

● 材料（2人分）

大根おろし（水けを軽くきる）
　… 1カップ（200g）
長いも（すりおろす）… 3cm（50g）
めんつゆ（ストレート）… 小さじ2
おろしわさび … 少々

1. 器に大根おろしと長いもを盛り、
めんつゆをかけ、
わさびをのせる。
全体を混ぜて食べる。

焼きオクラの粒マスタードポン酢

ポン酢じょうゆに粒マスタードを合わせたら、
アクセントのきいたソースに変身。
焼き野菜の香ばしさ、甘みを引き立てます。

1人分 36kcal

● 材料（2人分）

オクラ（ガクをくるりとむく）… 10本
A | 粒マスタード … 小さじ2
  | ポン酢じょうゆ … 小さじ1

1. オクラはハケで全体に
オイル水（オリーブ油小さじ1+水大さじ2）を塗り、
焼き網（または魚焼きグリル、フライパン）に並べ、
強めの中火でこんがりと焼く。混ぜたAをかける。

焼きれんこんのカレー塩

これはぜひ皮つきのまま、強めの火で焼いて。
しっかりとこげ目をつけると、
もう、それだけでビールがすすみます！

1人分 49kcal

● 材料（2人分）

れんこん（皮つきのまま1cm厚さに切る）… 小1節（150g）
A | カレー粉 … 小さじ1/4
  | 塩 … 小さじ1/3

1. れんこんは上と同様に焼き、混ぜたAを添える。

キャベツの粉山椒ナムル

手で調味料をなじませることで丸みのある塩けに仕上がります。ピリッとした山椒の辛みも、お酒にぴったりです。

1人分
49kcal

● 材料（2人分）

キャベツ（ひと口大に切る）… 5枚

A
- ごま油 … 小さじ1
- 塩 … 小さじ1/3
- しょうゆ … 小さじ1/2
- にんにく（すりおろす）… 少々

粉山椒 … 少々

1. ボウルにキャベツを入れ、Aを順に加えて手であえ、器に盛って粉山椒をふる。

せん切りキャベツと桜えびのサラダ

いつもは油と酢が3対1のドレッシングを油より酢を多めにして、カロリーダウン。でも、キャベツの甘さで酸味が立ちすぎません。少しのおろし玉ねぎで、ぐんと風味よく。

1人分
50kcal

● 材料（2人分）

キャベツ（せん切り）… 4枚

桜えび … 大さじ3

A
- 白ワインビネガー（または酢）… 大さじ1/2
- 玉ねぎ（すりおろす）、オリーブ油 … 各小さじ1
- 塩、こしょう … 各少々

1. ボウルにAを入れて混ぜ、桜えび、キャベツを加えてあえる。

たたききゅうりの明太子あえ

明太子のうまみ、香味野菜の風味で、キムチ風の味わいのあえものです。大根、トマト、わかめ、ひじきで作っても。

1人分
45kcal

● 材料（2人分）

きゅうり（すりこ木でたたき、ひと口大に割る）… 2本

A
- 明太子（薄皮を除く）… 大$\frac{1}{2}$腹（1本・40g）
- 長ねぎ（みじん切り）… 3cm
- にんにく、しょうが（すりおろす）… 各$\frac{1}{2}$かけ
- しょうゆ、酒 … 各小さじ$\frac{1}{2}$

1. ボウルにAを入れて混ぜ、きゅうりを加えてあえる。

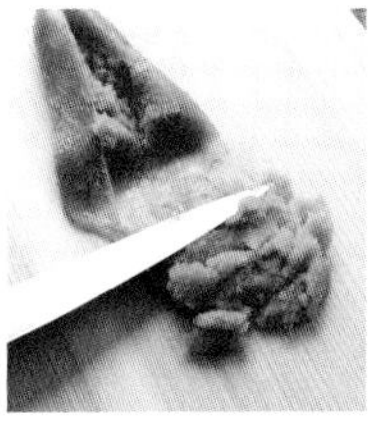

ポイント

明太子は皮に縦に1本切り込みを入れて開き、包丁の背で中身をかき出す。たらこの場合も同様にして。

たたききゅうりとザーサイのサラダ

ザーサイは、細く切るのがコツ。よく混ぜてなじませると、味と香りがきゅうりにうつって、それはそれはおいしい！

1人分
32kcal

● 材料（2人分）

A
- きゅうり（すりこ木でたたき、ひと口大に割る）… 2本
- 味つきザーサイ（びん詰・せん切り）… 約$\frac{1}{3}$びん（30g）
- 万能ねぎ（2cm幅に切る）… 2本

B
- ごま油 … 小さじ$\frac{1}{2}$
- 塩、粗びき黒こしょう … 各少々

1. ボウルにAを入れ、Bを順に加えてあえ、器に盛って黒こしょう少々（分量外）をふる。

大根とツナのしょうがサラダ

大根はやや厚めに切って、食べごたえを出します。味つけとトッピングの両方にしょうがを加えて、風味よく。じゃこやほたて缶で作っても。

1人分
50kcal

● 材料（2人分）

大根（3～4mm厚さのいちょう切り）… 6cm
しょうが（半分はせん切り、残りはみじん切り）… 1かけ

A
- ツナ缶（スープ漬け・汁けをきる）… 小$\frac{1}{2}$缶（35g）
- 酢 … 大さじ1
- しょうゆ … 小さじ1
- ごま油 … 小さじ$\frac{1}{2}$
- 砂糖 … 小さじ$\frac{1}{3}$

1 ボウルにA、みじん切りのしょうがを入れて混ぜ、大根を加えてあえ、器に盛ってせん切りのしょうがをのせる。

大根の梅おかかのりあえ

大根を切ったらすぐにあえ、水けが出ないうちに早く食べて。梅＋おかか＋のりで、お酒がすすみます！

1人分
33kcal

● 材料（2人分）

A
- 大根（4cm長さのせん切り）… 8cm
- 梅干し（たたく）、だし汁（または水）… 各大さじ1

B
- 削り節 … 1パック（2.5g）
- 焼きのり（ちぎる）… 全形1枚

1 ボウルにAを入れて混ぜ、Bを加えてざっくりあえる。

ちぎりキャベツのクミンサラダ

キャベツは、芯のかたい部分を手でつぶすと、味がなじみやすくなります。クミンの香りで、少ない油でも満足感は十分。

1人分
48kcal

● 材料（2人分）

キャベツ（ひと口大にちぎる）… 5枚

A
- クミンシード（フライパンでからいりする）… 小さじ1
- オリーブ油 … 小さじ$\frac{1}{2}$
- 塩 … 小さじ$\frac{1}{3}$
- こしょう … 少々
- 白ワインビネガー（または酢）… 小さじ1

1. ボウルにキャベツを入れ、Aを順に加えて手であえる。

エキゾチックな香りのクミンシードは、フライパンでからいりすると香りが立ち、プチッとした食感に。もやし炒めに加えても美味。

たたき大根とめかぶのサラダ

大根は、電子レンジで3分ほど加熱しても。素早く甘酢がなじんで、食感も少し変わっておいしい。

1人分
41kcal

● 材料（2人分）

大根（縦4等分に切ってポリ袋に入れ、すりこ木でたたく）… 8cm
めかぶ（味つけしていないもの）… 2パック（100g）
酢、だし汁（または水）… 各大さじ2
砂糖 … 大さじ$\frac{1}{2}$
しょうゆ … 小さじ$\frac{1}{2}$

1. ボウルに材料をすべて入れ、よくあえる。

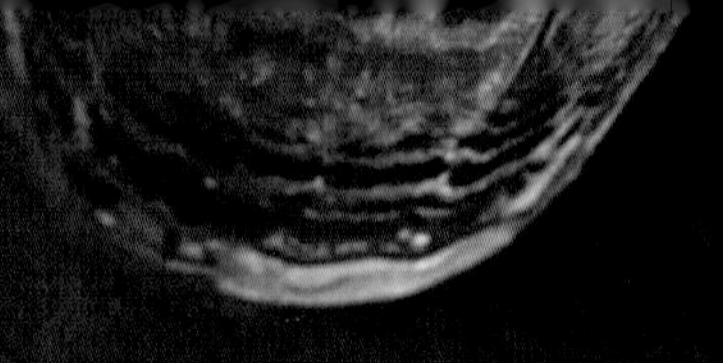

水菜としらすのだしじょうゆサラダ

1人分
50kcal

しらすとだしのうまみ、長ねぎの香りで、ノンオイルでも大満足の味わい。

だしをとるのが手間だったら、水大さじ1と$1\frac{1}{2}$に削り節大さじ1を加え、電子レンジで30秒加熱して使っても。

● 材料（2人分）

水菜（4cm長さに切る）… 大3株
しらす … 大さじ4
A　だし汁 … 大さじ$1\frac{1}{2}$
　　しょうゆ … 大さじ1
　　長ねぎ（みじん切り）… 3cm

1. 器に水菜、しらすを盛り、混ぜたAをかける。

にんじんとツナのにんにくサラダ

にんじんとにんにくは、この上なく相性よし。ツナはほぐして全体にからめると、少量でもうまみがいきわたります。

1人分
50kcal

● 材料（2人分）

A
- にんじん（スライサーで細切り）… 2/3本
- ツナ缶（スープ漬け・汁けをきる）… 小1/3缶（約20g）
- にんにく（みじん切り）… 1/2かけ

B
- オリーブ油 … 小さじ1
- 塩 … 小さじ1/4
- こしょう … 少々
- 白ワインビネガー（または酢）… 小さじ2

1 ボウルにAを入れ、Bを順に加えてあえ、器に盛ってこしょう少々（分量外）をふる。

みつばのたらこごまあえ

みつばは、しょうゆ洗いすると、味がぼやけるのを防げます。たらことごまのダブルの風味が、たまりません！

1人分
49kcal

● 材料（2人分）

- みつば … 6株
- しょうゆ … 小さじ1/3

A
- たらこ（薄皮を除く）… 大1/2腹（1本・40g）
- 白すりごま … 大さじ1/2
- しょうゆ、みりん … 各小さじ1/3

1 みつばは熱湯でさっとゆで、粗熱がとれたら4cm長さに切ってしょうゆをまぶし、冷めたら水けを絞る。Aを合わせたボウルに加え、よくあえる。

焼きアスパラのにんにくだれ

アスパラは、油＋水をからめて焼くのがコツ。こんがり焼けた香ばしさににんにくがからんで、極上の味です。

1人分
33kcal

● 材料（2人分）

グリーンアスパラ（下の皮をピーラーでむく）
…1束（大4本）

A | オリーブ油 … 小さじ1/3
水 … 小さじ1

B | にんにく（みじん切り）… 1かけ
しょうゆ … 小さじ1
はちみつ … 小さじ1/2
水 … 小さじ2

1 アスパラは混ぜたAを全体にからめ、熱した焼き網（またはフライパン）の中火でこんがり焼く。器に盛り、電子レンジ（600W）で30秒加熱したBをかける。

ポイント

アスパラはオリーブ油＋水をからめて焼くと、焼き縮みせず、ツヤよくこんがりと焼き色がつく。油の量は、ほんの少しでOK。

焼き長いものからしだれ

長いもは、皮ごと焼くと香ばしさがアップ。このたれは万能で、こんにゃくステーキ、生のにんじん、ゆでアスパラにかけても。

1人分
45kcal

● 材料（2人分）

長いも（皮つきのまま1cm幅の斜め切り）… 6cm（100g）

A | オリーブ油 … 小さじ1/3
水 … 小さじ1

練りがらし … 小さじ1/2

B | みりん、だし汁（または水）
… 各小さじ1/2
塩 … ふたつまみ

1 長いもは混ぜたAを全体にからめ、熱した焼き網（またはフライパン）の中火でこんがり焼く。器に盛り、電子レンジ（600W）で10秒加熱してからしを混ぜたBをかける。

焼きなすのナンプラーレモンだれ

1人分 40kcal

なすは強火でまっ黒になるまで焼くと、ジューシー、かつコクも出てきます。ぐんと甘みが増したなすと、酸味のあるたれとの相性は抜群。

● 材料（2人分）

なす（ガクのとがった部分を切り落とす）… 4本
万能ねぎ（小口切り）… 2本
A ナンプラー … 大さじ$\frac{1}{2}$
　レモン汁 … 小さじ2
　砂糖 … 小さじ1
　豆板醤《トウバンジャン》 … 小さじ$\frac{1}{3}$
　にんにく（みじん切り）… 少々

① なすは熱した焼き網（またはフライパン）の強火で皮が黒くなるまで焼き、熱いうちに手に水をつけながら皮をむく。

② ヘタを落として食べやすく切り、器に盛り、万能ねぎ、混ぜたAをかける。

タイの魚醤・ナンプラーは、独特の強いうまみが特徴。塩分が強いので、使いすぎには注意して。ナムルのかくし味に、つくねに少量加えてもおいしい。

ポイント

なすは皮がまっ黒になるまでしっかり焼いたら、熱いうちに手に水をつけながら皮をむく。冷めるとむきにくく、水にとると水っぽくなるので注意して。

ブロッコリーの粒マスタードあえ

1人分
50kcal

やや多めの塩を加えた熱湯でゆでると、下味がしっかりついて、味がぼやけません。あとは、粒マスタードでシンプルにあえて。

● 材料（2人分）

ブロッコリー（小房に分け、水に5分つける）… 1株

A
- 粒マスタード … 大さじ½
- だし汁（または水）… 大さじ1
- 塩 … 小さじ¼

① ブロッコリーは塩小さじ2（分量外）を加えた熱湯2カップで30〜40秒ゆで、ざるに上げて冷ます。

② ボウルにAを入れて混ぜ、❶を加えてあえる。

オクラのごま塩昆布あえ

オクラはやわらかめにゆでると、粘りが出て、食べごたえがアップ。塩昆布としっかりからみます。

1人分 22kcal

● 材料（2人分）

オクラ（ガクをくるりとむく）… 12本
A | 白いりごま … 小さじ1
　| 塩昆布（粗く刻む）… ふたつまみ

1 オクラは塩小さじ2（分量外）を加えた熱湯2カップで皮がはじけるまで3～4分ゆで、湯をきってボウルに入れ、Aを加えてあえる。

焼きオクラの山椒なめたけがけ

甘めの味わいのなめたけを粉山椒でピリッと引きしめます。このたれは、豆腐や焼いた鶏肉にかけても。

1人分 25kcal

● 材料（2人分）

オクラ（ガクをくるりとむく）… 12本
A | オリーブ油 … 小さじ$\frac{1}{3}$
　| 水 … 小さじ1
B | 粉山椒 … ふたつまみ
　| なめたけ（びん詰）… 大さじ1
　| だし汁（または水）… 小さじ1

1 オクラは混ぜたAを全体にからめ、熱した焼き網（またはフライパン）の中火で皮が少しはじけるまでこんがり焼く。器に盛り、混ぜたBをかける。

焼きピーマンのおかかソース味

ピーマンは丸ごと焼くと、水分が飛ばずにふっくら焼き上がります。お好み焼き風のソースで、お酒がすすむ味わい。

1人分 32kcal

● 材料（2人分）

ピーマン（ヘタと種を除く）… 4個

A
- オリーブ油 … 小さじ$\frac{1}{3}$
- 水 … 小さじ1

B
- 削り節 … 1パック（2.5g）
- 中濃ソース … 小さじ2
- 紅しょうが（みじん切り）、水 … 各小さじ1

1. ピーマンは混ぜたAを全体にからめ、熱した焼き網（またはフライパン）の中火でこんがり焼く。器に盛り、混ぜたBをかける。

じゃがいもとクレソンのマスタードサラダ

じゃがいもにしっかり味つけすることで、マヨネーズなしでも、コクのあるひと皿に。クレソンの香り、苦みが、お酒に合います。

1人分 50kcal

● 材料（2人分）

じゃがいも（縦4等分に切り、2cm 幅に切る）… 小1個

A
- オリーブ油 … 小さじ$\frac{2}{3}$
- 玉ねぎ（すりおろす）、白ワインビネガー（または酢）… 各小さじ1
- 塩 … 小さじ$\frac{1}{3}$　こしょう … 少々

B
- クレソン（葉をつみ、茎は小口切り）… 1束
- 粒マスタード … 小さじ1

1. 鍋にたっぷりの水、塩少々（分量外）、じゃがいもを入れて火にかけ、煮立ってから10分ゆでて湯をきり、中火にかけて水けを飛ばす。熱いうちにAを順に加えて冷まし、Bを加えてあえる。

3

1人分150kcal以下の
肉と魚のがっつり！やせつまみ

豚肉なら脂肪の少ない赤身、鶏肉ならむね肉やささみと、
材料選びにさえ気をつければ、どんどん食べてOK！
から揚げ、手羽先揚げ、ギョウザだって、
ちょっとの工夫で、ヘルシーメニューに生まれ変わります。
香味野菜と辛みのきかせ方がポイントで、
それさえつかめば、ボリュームつまみ作りは楽勝。
チーズやマヨネーズのこってり味もありますよ！

鶏のヘルシーから揚げ

1人分
127kcal

ころもは小麦粉よりも、
薄くつく片栗粉がおすすめ。
肉は大きめに
ゴロゴロッと切ると、
吸う油の量が減って
ぐんとヘルシーです。

● 材料（2人分）

鶏むね肉（皮を除く）… 小1枚（150g）
A | しょうゆ、酒、しょうが汁 … 各小さじ1
　| 塩 … 小さじ1/4
　| にんにく（すりおろす）… 少々
片栗粉、揚げ油、練りがらし … 各適量

1. 鶏肉は全体にフォークをさし、4等分に切り、Aをもみ込んで10分おく。
2. 汁けをしっかりふいて片栗粉を薄くまぶし、中温（180℃）の揚げ油で時々返しながら、きつね色になるまで2～3分揚げる。からしを添えて食べる。

鶏スペアリブとうずら卵のさっぱり煮

1人分
143kcal

骨つきで食べごたえがあり、
うまみもたっぷりの手羽中。
酢を加えて煮るから、あと味さっぱり。
おまけに、肉もやわらかくなります。

● 材料（2人分）

鶏スペアリブ（手羽中を半分に切ったもの）
… 6本（120g）
うずらの卵（室温に戻す）… 4個
A | 酢 … 大さじ2
　| しょうゆ、砂糖 … 各大さじ1
　| 酒 … 大さじ1/2
　| にんにく（たたきつぶす）… 1かけ

1. うずらの卵は熱湯で2分ゆで、殻をむく。
2. 鍋にAを煮立たせ、鶏肉を返しながら中火で1～2分煮、水大さじ3（分量外）を加えて煮汁が少なくなるまで煮る。❶を加えてからめ、すぐに火を止める。

豆腐とひじき入りつくね

1人分 131 kcal

ひき肉に同量の豆腐を加えて、カロリーダウン。
食物繊維が豊富なひじきを混ぜて、ボリュームとうまみをプラスします。
豆腐のおかげで、冷めてもふわふわ。
刻んだ香菜《シャンツァイ》をたっぷり加えてもおいしい。

● 材料（2人分／6個）

鶏ひき肉（むね）… 100g
木綿豆腐 … $\frac{1}{3}$丁（100g）
芽ひじき（乾燥・水につけて戻す）… 大さじ1
A｜万能ねぎ（小口切り）… 5本
　｜にんにく（みじん切り）… 1かけ
　｜ナンプラー … 大さじ$\frac{1}{2}$
　｜片栗粉 … 小さじ1
　｜砂糖、豆板醤《トウバンジャン》 … 各小さじ$\frac{1}{2}$
サラダ油 … 小さじ1

① 豆腐はふきんで包んで水けをぎゅっと絞り、ひき肉、ひじき、Aを加えて手でよく練り混ぜ、6等分して小判形にまとめる。

② フライパンにサラダ油を熱し、❶を並べ、時々返しながらこんがりするまで中火で7〜8分焼く。

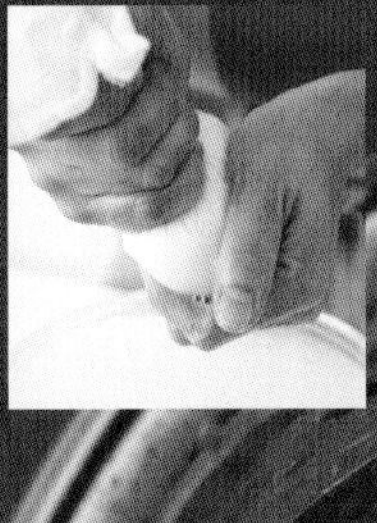

ポイント

豆腐をふきんで包んだら、両手でぎゅっと絞って一気に水きりを。手早さなら、この方法がいちばん。

鶏肉のチーズパン粉焼き

1人分
141 kcal

鶏肉は、広げてたたくことで
見た目のボリューム感をアップ。
おまけにやわらかく、
火の通りも早くなります。
マヨ＋バターを先に塗って、
コクを出すのもコツ。

● 材料（2人分）

鶏むね肉（皮を除く）… 小1枚（150g）
塩 … 小さじ½
こしょう … 少々

A	にんにく（すりおろす）… 1かけ マヨネーズ、バター（室温に戻す）… 各小さじ1
B	パン粉 … 大さじ2 粉チーズ、パセリ（みじん切り）… 各大さじ1

1. 鶏肉は厚みに包丁を入れて開き、すりこ木でたたいて薄くのばし、塩、こしょうをすり込む。

2. 混ぜたAを表面に塗り、混ぜたBをふりかけ、温めたオーブントースターで10分焼く。食べやすく切って器に盛る。
＊250℃に温めたオーブンで、10分焼いてもOK

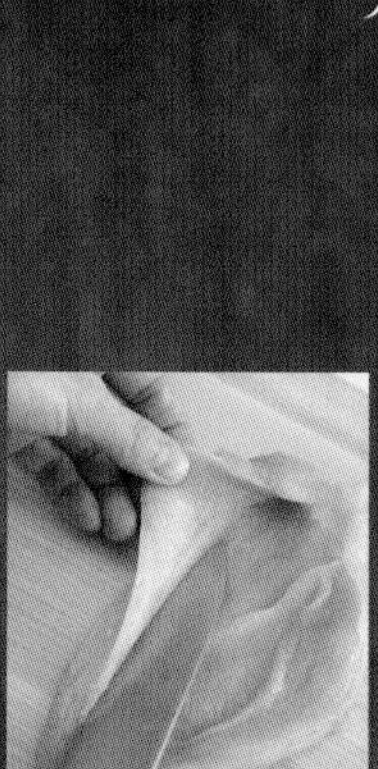

ポイント

鶏肉は、厚みのある部分に包丁を斜めに入れ、左右それぞれ外側に開く。これを「観音開き」といい、ささみなどにもよく使われる方法。早く火が通り、揚げものなどは吸油率が低くなる。

ささみの梅のりあえ

1人分 133kcal

梅肉であえたあっさり味は、
やっぱりお酒に合います。
わさびとごまの香りがポイントで、
これにみつばを加えてもおいしい。

● 材料（2人分）

鶏ささみ … 4本（180g）

A｜しょうが汁、酒 … 各小さじ1
　｜塩 … 少々

B｜梅干し（たたく）、白すりごま … 各大さじ1
　｜おろしわさび … 小さじ1
　｜しょうゆ … 小さじ½

焼きのり（ちぎる）… 全形1枚

1. ささみは耐熱皿にのせてAをふり、ラップをかけて電子レンジ（600W）で3分加熱し、そのまま冷ます。手でひと口大にさき、混ぜたB、のりを加えてあえる。

名古屋風手羽先揚げ

1人分 150kcal

揚げた手羽先に甘辛だれをからめる、
名古屋名物、これぞビールのつまみ！
調味料を少なめにして、
カロリーを抑えます。

● 材料（2人分）

鶏手羽先 … 4本（180g）

塩、こしょう … 各少々

A｜しょうゆ、砂糖、みりん … 各大さじ½

片栗粉、揚げ油、粗びき黒こしょう … 各適量

1. 手羽先は塩、こしょうをすり込み、水けをふいて片栗粉を薄くまぶし、中温（170℃）の揚げ油で時々返しながらきつね色になるまで4～5分揚げる。
2. 耐熱ボウルにAを合わせ、ラップをかけずに電子レンジ（600W）で40秒加熱する。アツアツの❶をからめ、器に盛って黒こしょうをふる。

にんにくゆで豚のねぎサラダ添え

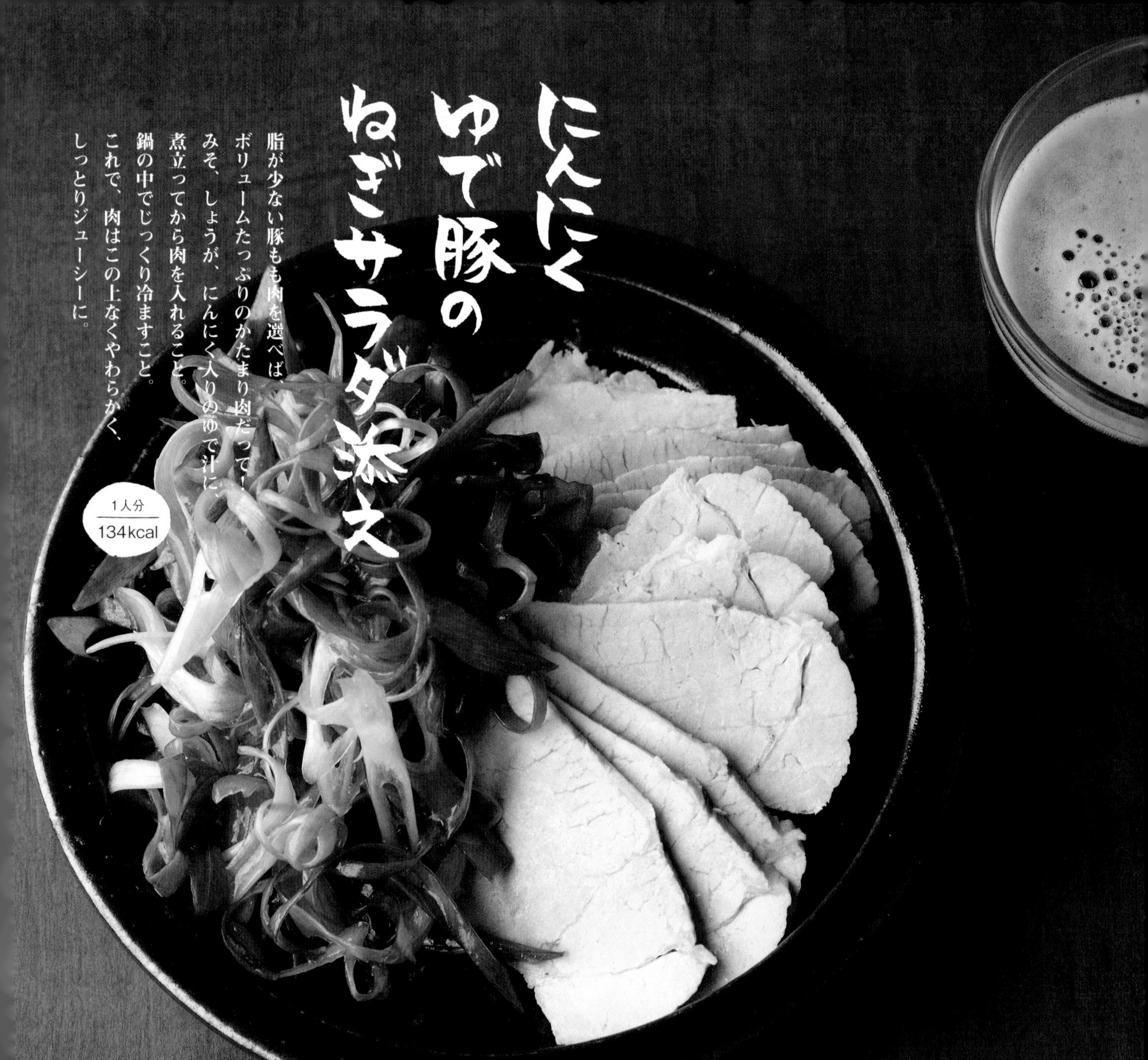

脂が少ない豚もも肉を選べば、
ボリュームたっぷりのかたまり肉だって！
みそ、しょうが、にんにく入りのゆで汁に、
煮立ってから肉を入れること。
鍋の中でじっくり冷ますこと。
これで、肉はこの上なくやわらかく、
しっとりジューシーに。

1人分
134kcal

● 材料（2人分） ＊ゆで豚は作りやすい分量

豚ももかたまり肉 … 300g

A
- みそ … 大さじ2
- しょうが（皮つきのまま薄切り） … 1かけ
- にんにく（たたきつぶす） … 1かけ
- 水 … 3カップ

わけぎ（斜め薄切りし、水にさらす） … 3本

B
- ごま油 … 小さじ1
- 塩 … 小さじ½

1. 鍋（肉がちょうど入るくらいのもの）にAを入れて煮立たせ、豚肉を加え、再び煮立ったらふたをして弱火で30分ゆで、そのまま冷ます。ここから半量を使用する。
2. ❶を薄切りにして器に盛り、Bであえたわけぎを添える。

ポイント

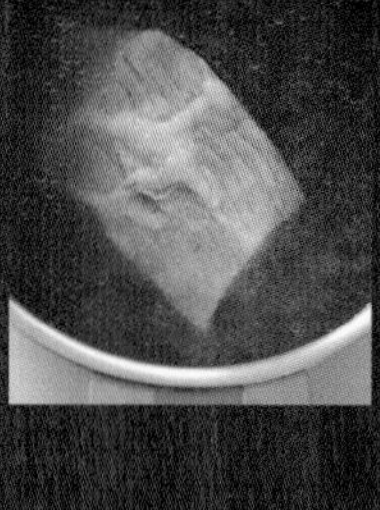

豚肉はゆで汁につけたまま完全に冷めるまでおくと、ジューシーに仕上がる。ゆで汁が煮立ってから肉を加えるのも、肉をパサつかせないための大切なポイント。

豚肉の大根巻き照り煮

1人分 150kcal

大根はやわらかーくゆでて、
肉と一体化させるのがミソ。
肉のうまみを吸って
とろけます！

● 材料（2人分）

豚もも薄切り肉（脂を除く）… 8枚（120g）
大根（長さを半分に切り、縦4等分に切る）… 6cm
A ｜ しょうゆ、砂糖 … 各小さじ$\frac{1}{2}$
B ｜ しょうゆ … 大さじ1
　｜ 砂糖、みりん … 各小さじ2
　｜ 酒 … 小さじ1
サラダ油 … 小さじ1
大根の葉（あれば・ゆでて1cm幅に切る）… 少々

① 大根は水から入れて火にかけ、煮立ったら中火でやわらかくなるまで10～15分ゆでる。湯をきってAをからめ、冷ます。

② 豚肉1枚に❶を1個ずつのせて巻き、サラダ油を熱したフライパンで全体をこんがりと焼く。Bをからめ、器に盛って大根の葉を散らす。

レンジホイコーロー

1人分 143kcal

油たっぷりがおいしい中華料理も、
電子レンジを使えば
ぐんとヘルシーに。
先に野菜に油をからめるのが
ヒケツです。

● 材料（2人分）

豚もも薄切り肉（脂を除く）… 8枚（120g）
A ｜ しょうゆ、酒、片栗粉 … 各小さじ$\frac{1}{2}$
キャベツ（大きめのひと口大に切る）… 3枚
ピーマン（ひと口大に切る）… 2個
サラダ油 … 小さじ1
B ｜ みそ … 小さじ2
　｜ しょうが（すりおろす）、酒 … 各小さじ1
　｜ 砂糖、豆板醤《トウバンジャン》 … 各小さじ$\frac{1}{2}$
ごま油 … 少々

① ボウルにキャベツ、ピーマン、サラダ油を入れて混ぜ、長さを3等分に切ってAをもみ込んだ豚肉を広げてのせ、混ぜたBを回しかける。

② ラップをかけて電子レンジ（600W）で5分加熱し、余分な水けをふき、ごま油を加えて混ぜる。

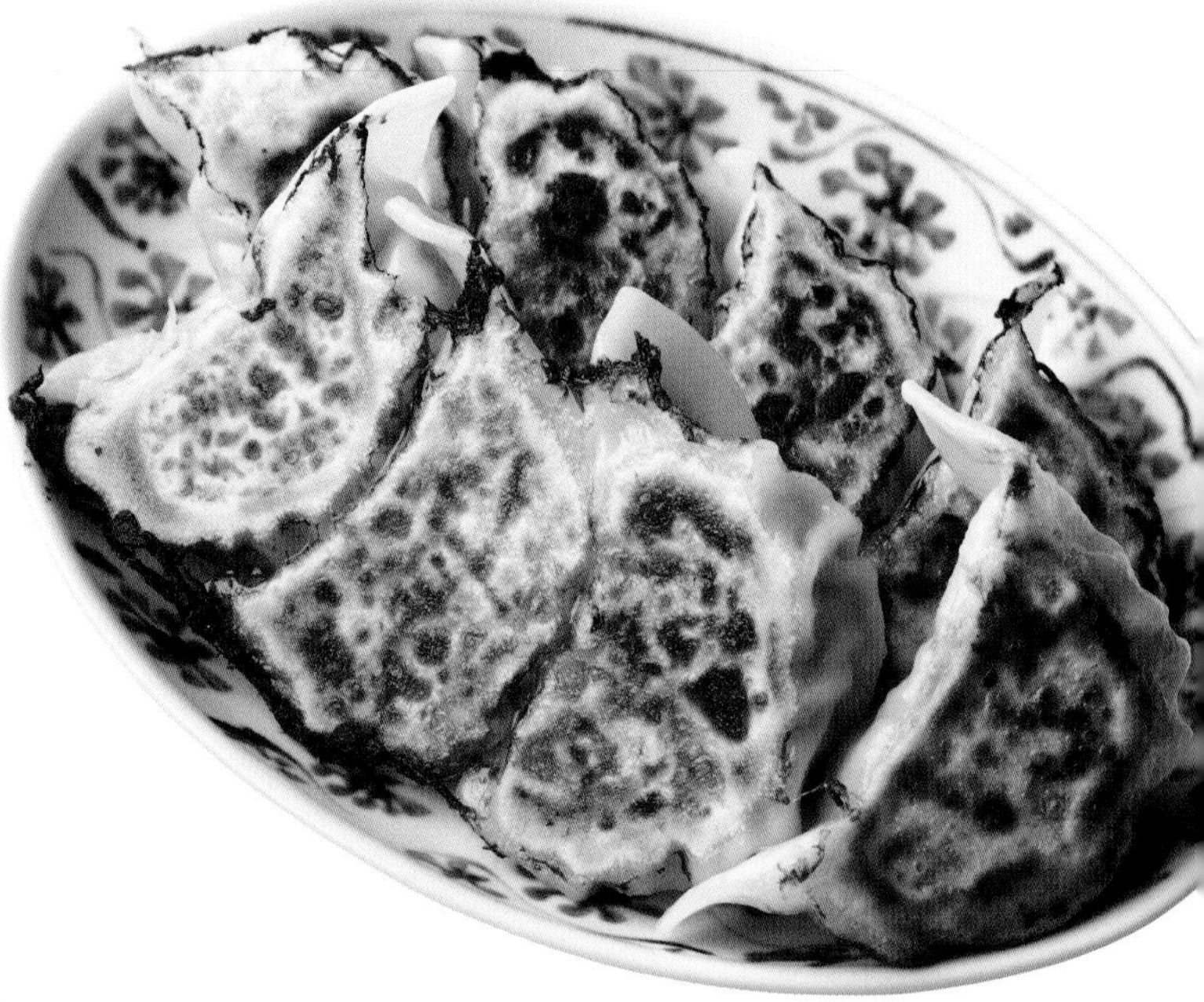

もやしたっぷり焼きギョウザ

1人分 150kcal

皮のカロリーが高い
ギョウザには、このテ。
ゆでたもやしは
ひき肉にすっかりなじんで、
まるでお肉たっぷりギョウザみたい！
酢じょうゆをつけてどうぞ。

● 材料（2人分／8個）

A｜豚ひき肉（もも）… 50g
　｜長ねぎ（みじん切り）… $\frac{1}{2}$ 本
　｜しょうが、にんにく（ともにすりおろす）… 各少々
　｜しょうゆ、酒、片栗粉 … 各小さじ1
　｜砂糖、ごま油 … 各小さじ $\frac{1}{3}$

もやし … $\frac{1}{2}$ 袋（100g）
ギョウザの皮 … 8枚　　サラダ油 … 小さじ $\frac{1}{3}$

1. もやしは熱湯でさっとゆで、水けをしっかり絞ってみじん切りにし、Aとともにボウルに入れ、手で練り混ぜる。8等分し、ギョウザの皮で包む。
2. フライパンにサラダ油を熱し、❶に焼き色をつけ、水 $\frac{1}{2}$ カップを注いでふたをして蒸し焼きにする。

キムチと豆腐のゆでギョウザ

1人分 150kcal

肉より豆腐が多いギョウザですが、
キムチのうまみで
ボリューム感満点。
これ、肉なしで作っても
おいしいんです。

● 材料（2人分／8個）

A｜豚ひき肉（もも）… 40g
　｜白菜キムチ（みじん切り）… $\frac{1}{2}$ カップ（80g）
　｜生しいたけ（みじん切り）… 2枚
　｜にんにく（すりおろす）… 少々
　｜しょうゆ … 小さじ $\frac{1}{2}$

木綿豆腐 … $\frac{1}{4}$ 丁（75g）　　ギョウザの皮 … 8枚

1. 豆腐はふきんで包んで水けをぎゅっと絞り、Aとともにボウルに入れ、手でよく練り混ぜる。8等分してギョウザの皮にのせ、水少々をつけてまわりを4方向から中央に寄せて包む。
2. 鍋に湯を沸かして❶を入れ、浮き上がるまで2〜3分ゆでる。

小松菜入りゆでワンタン ピリ辛ごまだれ

1人分
145kcal

少なめのひき肉に、小松菜を加えれば、カサが増えつつ、栄養バランスもアップします。練りごま＋豆板醤《トウバンジャン》のたれで、お酒がすすむ味に。野菜はほうれんそう、キャベツ、白菜でもＯＫ。

ポイント

皮のまん中にたねをのせ、2辺に水少々を塗って三角に半分に折り、両端を下でつなぎ合わせてくっつける。頭巾のような形のワンタンのでき上がり。

● 材料（2人分/10個）

A
- 豚ひき肉（もも）… 40g
- しょうが汁 … 小さじ1
- しょうゆ、塩、ごま油 … 各小さじ1/3
- 砂糖 … 少々

B
- 白練りごま … 大さじ1/2
- 酢 … 小さじ2
- しょうゆ … 小さじ1
- 砂糖、豆板醤《トウバンジャン》 … 各小さじ1/2

- 小松菜 … 3株
- ワンタンの皮 … 10枚

1. 小松菜は熱湯でさっとゆで、みじん切りにして水けをしっかり絞り、Aとともにボウルに入れ、手でよく練り混ぜる。10等分してワンタンの皮にのせ、水少々をつけて包む。
2. 鍋に湯を沸かして❶を入れ、浮き上がるまで2分ゆでる。湯をきって器に盛り、混ぜたBをかける。

豆腐と青じそ入り豚つくね

1人分 150kcal

ひき肉とほぼ同量の豆腐入りで、低カロリー。
玉ねぎでうまみをプラスします。
肉だねは、粘りが出るまで練るのがコツです。

● 材料(2人分/8個)

A | 豚ひき肉(もも)… 100g
　| 木綿豆腐(ふきんで包み、水けを絞る)… 1/4丁(75g)

B | 青じそ(せん切り)… 10枚
　| 玉ねぎ(みじん切り)… 1/4個
　| 片栗粉 … 小さじ1
　| 塩 … 少々

C | しょうゆ … 小さじ2
　| 砂糖、酒、みりん … 各小さじ1

サラダ油 … 小さじ1

① ボウルにA、Bの順に入れて手で練り混ぜ、8等分して平たい丸形にまとめる。

② フライパンにサラダ油を熱し、❶の両面を中火で3～4分ずつこんがり焼く。脂をキッチンペーパーでふき、Cをからめる。

ポイント

豆腐はふきんで包み、両手でぎゅっと絞り、手早く水きりすればOK。

豆腐としょうがごま入りつくね

しょうがをたっぷり加えつつ、
カロリー高めのごまは、量は控えめに。
ごま油で焼くのがポイントで、
香ばしさがぐっとアップします。

1人分
138kcal

● 材料（2人分／4個）

鶏ひき肉（むね）… 100g
木綿豆腐（ふきんで包み、水けを絞る）… 1/3丁（100g）
A｜玉ねぎ（みじん切り）… 1/4個
｜しょうが（みじん切り）… 2かけ
｜しょうゆ … 大さじ1/2
｜みりん、片栗粉、黒いりごま … 各小さじ1
｜塩、こしょう … 各少々
ごま油 … 小さじ1

① ボウルにひき肉と豆腐、Aの順に入れて
手で練り混ぜ、4等分して木の葉形にまとめる。
ごま油を熱したフライパンの中火で、
両面を3〜4分ずつこんがり焼く。

どっさりきのことゆかり入りつくね

調味料がわりのゆかりが大活躍。
きのこはみじん切りにしてなじませると、
カサ増しだけでなく、
ふっくら焼き上がるのがうれしい。

1人分
131kcal

● 材料（2人分／6個）

A｜鶏ひき肉（むね）… 150g
｜しょうが（すりおろす）… 1かけ
｜酒、片栗粉 … 各小さじ2
｜ゆかり … 小さじ1
｜塩 … 少々
えのきだけ（みじん切り）… 小1袋
しめじ（みじん切り）… 小1/2パック
サラダ油 … 小さじ1

① ボウルにA、きのこの順に入れて
手で練り混ぜ、6等分して小判形にまとめる。
サラダ油を熱したフライパンの中火で、
両面を3〜4分ずつこんがり焼く。

鶏もも肉の塩から揚げ

1人分
150kcal

塩＋からしで下味をつけると、独特のうまみが加わります。
鶏肉にしっかりもみ込めば、時間をおかなくてもＯＫです。

● 材料（2人分）

鶏もも肉（皮と脂肪を除き、ひと口大に切る）… 小1枚（200g）

A | 練りがらし … 大さじ1
  | 酒 … 大さじ½
  | 塩 … 小さじ⅓

片栗粉、揚げ油、レモン … 各適量

1 鶏肉はAをしっかりもみ込み、
片栗粉を薄くまぶし、
中温（170℃）の揚げ油で時々返しながら
きつね色になるまで３～４分揚げる。
器に盛り、レモンを添える。

鶏むね肉の一味から揚げ

1人分
117kcal

鶏肉は、繊維を断つように縦に切ると、やわらかく仕上がります。
片栗粉は小麦粉よりも薄くつき、カロリーカットに効果的です。

● 材料（2人分）

鶏むね肉（皮を除き、ひと口大に切る）… 小1枚（150g）

A | しょうゆ、酒 … 各小さじ1
  | 一味唐辛子、にんにく（すりおろす）… 各少々

片栗粉、揚げ油 … 各適量

1 鶏肉はAをしっかりもみ込み、
片栗粉を薄くまぶし、
中温（170℃）の揚げ油で時々返しながら
きつね色になるまで３～４分揚げる。
器に盛り、一味唐辛子少々（分量外）をふる。

鶏肉のカリカリピザ風

1人分
124kcal

鶏むね肉は、片面が焼けたら裏返して具をのせ、ふたをして蒸し焼きにするとハサつかず、ジューシーに仕上がります。除いた鶏皮は、ヘラで押しつけて脂をふきながらカリカリに焼けば、低カロリーつまみに変身。

● 材料（2人分）

鶏むね肉（皮を除く）… 小1枚（150g）

A
- 塩 … 小さじ⅓
- こしょう … 少々

B
- バジル（ドライ・またはオレガノ）… 小さじ1
- 長ねぎ（5mm幅の小口切り）… ⅓本
- プチトマト（半分に切る）… 5個
- ピザ用チーズ … 大さじ1

オリーブ油 … 小さじ1

① 鶏肉は厚みに包丁を入れて開き、すりこ木でたたいて薄くのばし、Aをすり込む。

② フライパンにオリーブ油の半量を熱し、Bの長ねぎを中火でこんがり焼き、取り出す。続けて残りのオリーブ油を熱し、❶の片面を中火でこんがり焼き、裏返してBを順にのせ、ふたをして2～3分蒸し焼きにする。

ポイント

鶏肉は、厚い部分に包丁を斜めに入れて左右に開き、ラップ2枚ではさみ、すりこ木でたたいて2倍の大きさにのばす。これで火の通りもスムーズに。

キャベツたっぷり焼きギョウザ

1人分 150kcal

肉とキャベツは同量くらいが普通だけれど、これはなんと、肉がキャベツのわずか1/4。キャベツはチンして加えることで、甘みが出て、肉と一体化します。

● 材料（2人分／8個）

豚ひき肉（もも）… 50g
キャベツ（みじん切り）… 4枚
A｜にんにく、しょうが（すりおろす）
　… 各1かけ
　しょうゆ、酒 … 各小さじ1
　ごま油 … 小さじ1/3
　片栗粉 … 小さじ1
ギョウザの皮 … 8枚
サラダ油 … 小さじ1/4
酢、しょうゆ … 各適量

① 耐熱ボウルにキャベツを入れ、ラップをかけて電子レンジ（600W）で3分加熱し、冷めたら水けをぎゅっと絞る。ボウルにひき肉、A（上から順に）、キャベツの順に入れて手で練り混ぜ、8等分してギョウザの皮で包む。

② フライパンにサラダ油を熱し、❶に中火で焼き色をつけ、水1/2カップを加えてふたをし、弱めの中火で10分蒸し焼きにする。酢じょうゆをつけて食べる。

ポイント

キャベツは電子レンジで加熱してしんなりさせ、冷めたら水けをぎゅっと絞る。これで口あたり、肉とのなじみがぐんとよくなる。

鶏なんこつカレー揚げ

鶏なんこつは100gあたり54kcalと、カロリーは、ささみの約半分！油ハネ防止に粉をまぶしますが、ごく少量をしっかりもみ込んでエネルギーアップを抑えます。

1人分 115kcal

● 材料（2人分）

鶏なんこつ … 150g
A｜にんにく（すりおろす）… 1かけ
　｜酒 … 小さじ1
　｜塩 … 少々
片栗粉 … 大さじ1/2
揚げ油 … 適量
B｜カレー粉 … 小さじ1
　｜塩 … 小さじ1/4

1. なんこつはA、片栗粉の順にもみ込み、中温（170℃）の揚げ油で時々返しながらカラリと5分揚げる。器に盛り、混ぜたBをふる。

砂肝とピーマンのオイスター炒め

砂肝は、厚みを薄くすることで、こんがりと香ばしく焼けます。ピーマンは大きめに切って、食べごたえを出すのがポイント。

1人分 126kcal

● 材料（2人分）

砂肝 … 8個（200g）
A｜しょうゆ、酒 … 各小さじ1/2
ピーマン（ひと口大の乱切り）… 4個
B｜オイスターソース … 小さじ2
　｜しょうゆ、酒 … 各小さじ1
　｜砂糖 … 小さじ1/2
　｜水 … 大さじ1/2
　｜片栗粉 … 小さじ1/3
　｜にんにく（すりおろす）… 少々
サラダ油 … 小さじ1

1. 砂肝は筋を除いて（p69参照）厚みを半分に切り、Aをもみ込む。サラダ油を熱したフライパンの強火でこんがり炒め、ピーマンを加えて油が回ったら、混ぜたBを加えて炒め合わせる。

ささみのチーズフライ

ささみに直接チーズをまぶし、しっかりうまみをつけます。パン粉は極力細かくして、吸油率を下げるのがミソ。揚げたてをどうぞ。

1人分
129kcal

● 材料（2人分/9本）

鶏ささみ（斜め3等分に切る）
…大3本（150g）

A | 粉チーズ…小さじ1
　| 塩…小さじ1/3
　| こしょう…少々

B | 小麦粉、水…各小さじ1

パン粉（ポリ袋に入れてすりこ木でつぶし、細かくする）…大さじ2

揚げ油…適量

1. ささみはAをまぶし、混ぜたB、パン粉の順にころもをつけ、中温（180℃）の揚げ油で時々返しながら、きつね色になるまで1〜2分揚げる。

ポイント

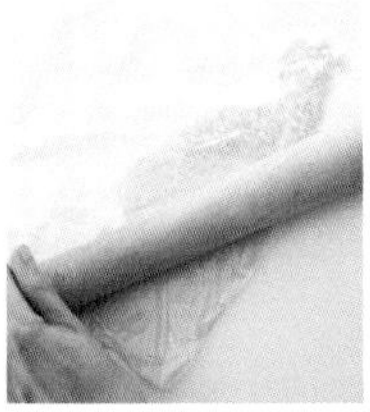

パン粉はポリ袋に入れ、すりこ木などを上から転がして細かくする。これで吸油率が下がり、カロリーダウンにつながる。

ささみのごまにんにく焼き

淡泊なささみだって、にんにく、ごま、黒こしょうでパンチのある味に変身。薄めのそぎ切りにして、手早く、香ばしく焼き上げます。

1人分
131kcal

● 材料（2人分）

鶏ささみ（3〜4等分のそぎ切り）…大4本（200g）

にんにく（みじん切り）…1かけ

A | 白いりごま…小さじ1
　| 塩…小さじ1/2

サラダ油…小さじ1

粗びき黒こしょう…少々

1. フライパンにサラダ油、にんにくを入れて弱火にかけ、香りが出たらささみを加えて中火で両面を焼きつけ、Aを加えてひと炒めする。器に盛り、黒こしょうをふる。

砂肝とにんにくの芽炒め

1人分
121 kcal

砂肝は、低カロリーな肉の代表選手。
油が少なめだと全体に回りにくいですが、
ふたをして蒸し焼きにすれば、
しっかり火が通って、おいしく仕上がります。

● 材料（2人分）

砂肝（筋を除く）… 8個（200g）
A｜にんにくの芽（4cm 長さに切る）… 1束
｜赤唐辛子（小口切り）… 1本
B｜酒 … 小さじ2
｜塩 … 小さじ$\frac{1}{3}$
ごま油 … 小さじ1

① フライパンにごま油を熱し、砂肝の両面を中火でこんがり焼き、ふたをして弱めの中火で2～3分蒸し焼きにする。

② Aを加えて炒め合わせ、にんにくの芽がやわらかくなったらBをふり、さらに炒める。

ポイント

砂肝は白い筋を下にして置き、まん中から左右に包丁を入れ、身をそぐようにして筋を薄く除く。こうすると口あたりがよくなり、食べやすくなる。

もやしとザーサイの春巻き

揚げずに焼くことで、
抜群の低カロリーを実現。
弱火でじっくり火を通せば、
パリッと仕上がります。

1人分
85kcal

● 材料（2人分／4本）

A ｜ 豚ひき肉（もも）… 50g
｜ 味つきザーサイ（びん詰・みじん切り）… ½びん（50g）
｜ 塩、こしょう … 各少々
｜ 片栗粉 … 小さじ½
｜ もやし … ¼袋（50g）

春巻きの皮（十字に4等分に切る）… 1枚
ごま油 … 小さじ½

1 ボウルにAを順に入れて手で練り混ぜ、
ごま油を塗った春巻きの皮に等分してのせ、
くるりと巻く。フッ素樹脂加工のフライパンに
巻き終わりを下にして入れ、弱火で時々返しながら
じっくり焼いて火を通す。
＊または、温めたオーブントースターで7～8分焼いても

ささみ梅しそ春巻き

皮に少量の油を塗ることで、
のりなしでも皮がくっつき、
カリッと香ばしく。
梅＋青じその風味が最高！

1人分
111kcal

● 材料（2人分／4本）

鶏ささみ（細切り）… 2本（80g）

A ｜ 梅干し（たたく）… 小さじ2
｜ オイスターソース … 小さじ1
｜ 片栗粉 … 小さじ½
｜ にんにく（すりおろす）… 少々

青じそ … 4枚
春巻きの皮
（斜め半分に切る）… 2枚
ごま油 … 小さじ1

1 ささみはAをもみ込み、
ごま油を塗った春巻きの皮に
青じそとともに等分してのせ、
くるりと巻く。
焼き方は、上と同じ。

ポイント

春巻きの皮の長い辺を手前に置き、青じそ1枚（裏返しに）、その上にささみをのせ、左右、向こう側の順に巻く。水溶き小麦粉ののりはつけなくてOK。

ゆで豚のチリソース煮

1人分
150kcal

薄切り肉は長いまま調理して、ボリューム感を。
酒と片栗粉をもみ込むことで、
ゆでてもしっとり、味のからみもよくなります。
豆板醤《トウバンジャン》は炒めてしっかり辛みを出すと、コクもアップ。

● 材料(2人分)

豚もも薄切り肉(脂を除く)… 10枚(150g)
A｜酒、片栗粉 … 各小さじ1
B｜玉ねぎ(みじん切り)… 1/4個
　｜にんにく、しょうが(みじん切り)… 各1かけ
トマト(粗みじん切り)… 小1個
豆板醤《トウバンジャン》 … 小さじ1/2
C｜オイスターソース … 小さじ1
　｜しょうゆ … 小さじ1/2
　｜塩 … 少々
　｜水 … 1/4カップ
サラダ油 … 小さじ2/3

1. 豚肉はAをもみ込み、塩少々(分量外)を加えた熱湯で色が変わるまでゆで、湯をきる。
2. フライパンにサラダ油を熱し、Bを中火で炒め、香りが出たら豆板醤を加えて炒め、香りが立ったらトマト、Cを加えて1～2分煮る。❶を加え、全体にからめる。

ポイント

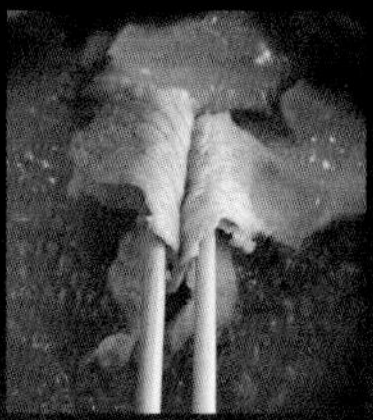

豚肉はゆでて脂を落とし、ヘルシーに。先に酒と片栗粉をまぶしておくと、しっとりゆで上がるし、片栗粉のとろみで味のからみもよくなる。

もやしの肉巻き みそだれがけ

使う油は、たったの小さじ$\frac{1}{3}$。それでもおいしく作れるのは、電子レンジ調理の最大の強み。かたくなりやすい豚もも肉も、もやしの水分でしっとりです。

1人分 112kcal

● 材料（2人分／8個）

豚もも薄切り肉（しゃぶしゃぶ用・脂を除く）… 8枚（100g）
もやし … $\frac{1}{2}$袋（100g）
A｜みそ、しょうがの絞り汁 … 各小さじ2
　｜砂糖 … 小さじ$\frac{1}{2}$
　｜酒 … 大さじ1
　｜ごま油、片栗粉 … 各小さじ$\frac{1}{3}$

1 豚肉は1枚ずつもやしをのせてくるりと巻き、耐熱皿に並べて混ぜたAをかけ、ラップをかけて電子レンジ（600W）で3分加熱する。熱いうちに転がし、たれをからめる。

プチトマトの肉巻き 甘酢あん

薄いしゃぶしゃぶ肉は、肉巻き向き。ひと巻きしてから軽くにぎればOKです。しっかり焼き目をつけるように焼くと、満足感が得られるつまみになります。

1人分 123kcal

● 材料（2人分／8個）

豚もも薄切り肉（しゃぶしゃぶ用・脂を除く）… 8枚（100g）
プチトマト … 8個
A｜砂糖 … 大さじ$\frac{1}{2}$
　｜水 … 大さじ1
　｜しょうゆ、酢 … 各小さじ2
　｜片栗粉 … 小さじ$\frac{1}{3}$
サラダ油 … 小さじ1

1 豚肉はプチトマトを1個ずつのせて巻きつけ、サラダ油を熱したフライパンの中火でこんがり焼く。脂をキッチンペーパーでふき、混ぜたAをからめる。

ゆで卵の肉巻き照り焼き

1人分
150kcal

ゆで卵にしょうゆをまぶし、
味に深みを加えるのがコツです。
半熟とろとろの卵黄のコクで、
ボリューム満点。粉山椒をふっても。

ポイント

豚肉2枚を少し重ねて広げ、ゆで卵1個をのせたら、手前、左右、向こう側の順にくるりと全体に巻きつける。卵が出ないように注意して。

● 材料（2人分／2個）

豚ロース薄切り肉（しゃぶしゃぶ用・脂を除く）… 4枚（50g）
半熟ゆで卵 … 2個＊
しょうゆ … 小さじ$\frac{1}{3}$
A しょうゆ … 小さじ2
　砂糖、酒 … 各小さじ1
　みりん … 小さじ$\frac{1}{2}$
サラダ油 … 小さじ$\frac{1}{3}$
かいわれ（長さを半分に切る）… $\frac{1}{2}$パック

① ゆで卵はしょうゆをからめ、汁けをふく。少し重ねて広げた豚肉2枚に1個ずつのせて巻きつけ、サラダ油を熱したフライパンの中火で全体をこんがり焼く。

② フライパンの脂をキッチンペーパーでふき、Aを加えてからめ、半分に切って器に盛り、かいわれを添える。

＊半熟ゆで卵は、室温に戻した卵を熱湯に入れ、再び煮立ってから5分ゆで、水にとって冷まし、殻をむく

豚にら卵キムチ

少なめの肉でも、キムチのうまみで食べごたえ十分。
たっぷりのにらが、とびきりおいしい！
豚肉は、薄いしゃぶしゃぶ用がおすすめ。
かたくなりにくく、卵のふんわり感となじみます。

1人分
149kcal

● 材料（2人分）

豚もも薄切り肉（しゃぶしゃぶ用・脂を除く）… 6枚（80g）
A｜塩、こしょう … 各少々
にら（4cm 長さに切る）… 1束
白菜キムチ（ざく切り）… $^{3}/_{4}$ カップ（100g）
卵 … 1個
サラダ油 … 小さじ1

① 豚肉はひと口大に切り、サラダ油を熱したフライパンの強めの中火でこんがり炒め、Aをふる。

② にら、キムチを加えて強火で炒め、油が回ったら溶いた卵を回し入れ、ふんわり火を通す。

ポークソテー ジンジャーソース

ロース肉は、脂を切り落としたあとたたいてのばせば、ボリューム感がアップ。しかも、やわらかく焼き上がります。ソースはしっかり煮詰め、味を凝縮させて。

1人分
150kcal

● 材料（2人分）

豚ロース厚切り肉 … 小2枚（160g）
A｜塩、粗びき黒こしょう … 各少々
B｜しょうが（すりおろす）… 1かけ
｜玉ねぎ（すりおろす）… ⅙個
｜しょうゆ、水 … 各大さじ1½
｜酒 … 大さじ1
｜みりん … 小さじ1
サラダ油 … 小さじ½
ベビーリーフ … ⅓パック

1. 豚肉は脂を除き、すりこ木でたたいて元の大きさにのばし、Aをふる。サラダ油を熱したフライパンの中火で焼き、こんがりしてふちから1cmくらい色が変わったら裏返し、1分焼いて火を通す。
2. Bを加えて煮立たせてからめ、食べやすく切って器に盛り、ベビーリーフを添える。

えびとしめじのドライバジル炒め

1人分
134kcal

ごちそう感がありつつ、低カロリーなえびは、
やせつまみ向きの優等生食材。
にんにくとバジルの香りをびしっときかせ、
レモンをぎゅっと絞れば、
ビールがほしくなるエスニック味です。

● 材料（2人分）

殻つきえび（ブラックタイガーなど）
　… 12尾（200g）
酒 … 小さじ1
しめじ（ほぐす）… 小1パック
A　にんにく（みじん切り）… 2かけ
　　赤唐辛子（小口切り）… 1本
B　バジル（ドライ）、
　　ナンプラー
　　… 各大さじ½
サラダ油 … 小さじ2
レモン … 適量

1. えびは尾を残して殻をむき、
背に切り込みを入れて背ワタを除き、酒をもみ込む。

2. フライパンにサラダ油、Aを入れて強めの中火で炒め、
香りが出たら❶としめじを加えてさっと炒め、
水大さじ2（分量外）を加えて汁けがなくなるまで炒める。
Bを加えてさっと炒め、
器に盛ってレモンを添える。

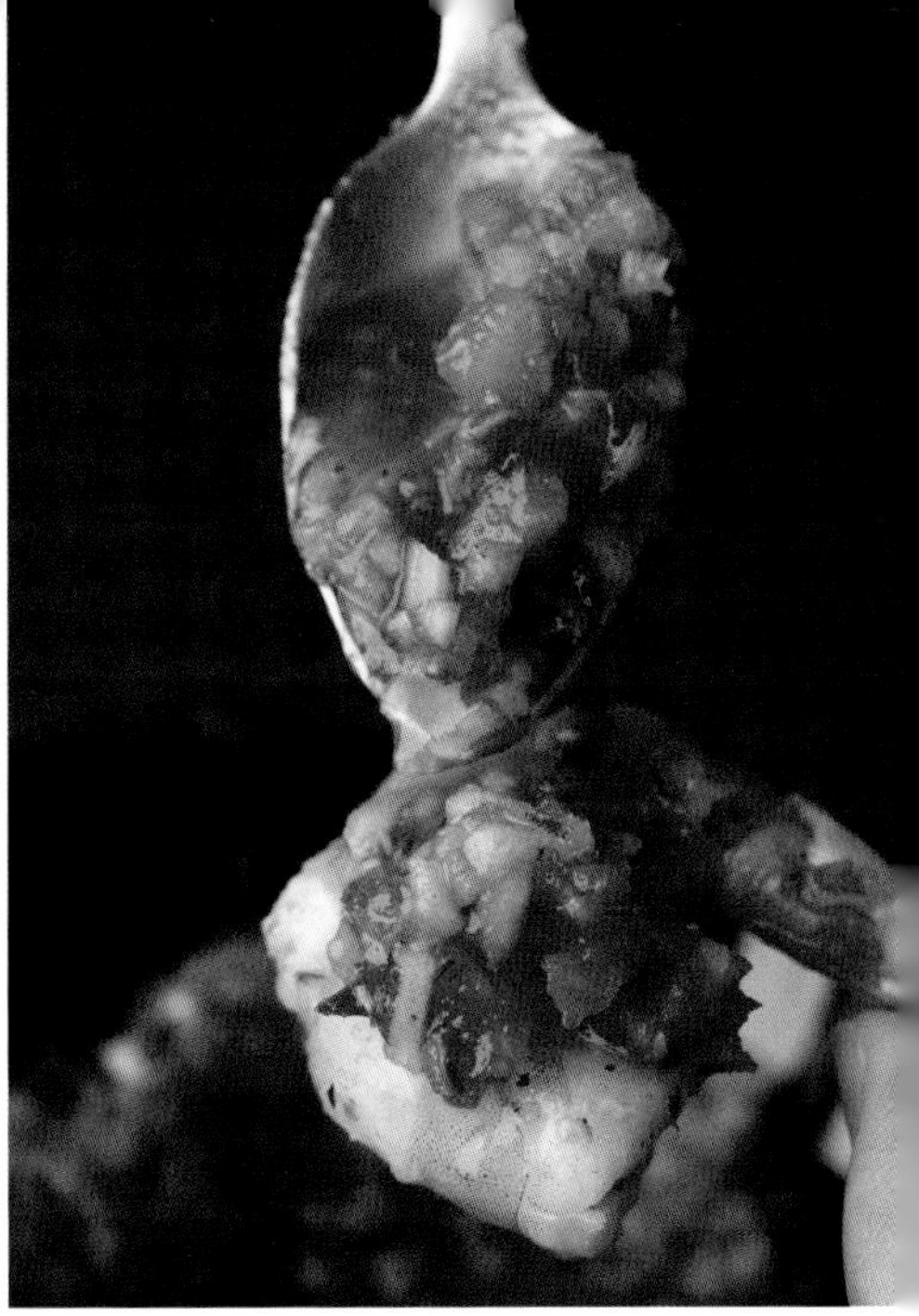

焼きえびのトマトケッパーソース

1人分
94kcal

殻をむきながら
ゆっくり食べることで、
食べすぎ防止にもなるメリットつき。
こんがり香ばしく焼けたえびに、
タバスコ入りのソースをかけてどうぞ。

●材料(2人分)

殻つきえび(ブラックタイガーなど)
… 12尾(200g)
塩、こしょう … 各少々

A | トマト(みじん切り)… 1個
ケッパー(みじん切り)… 大さじ1
紫玉ねぎ(みじん切り)… 1/4 個
タバスコ … 小さじ1
塩、砂糖 … 各小さじ 1/2

① えびは殻の節の間に
ようじをさして背ワタをとり、
塩、こしょうをふり、
魚焼きグリルの強めの中火で
両面をこんがりと焼く。

② 器に盛り、Aを混ぜた
ソースをかけて食べる。

ケッパーは、地中海沿岸原産のフ
チョウボク科の低木のつぼみを酢
けにしたもの。トマトとの相性は
群。刻んでドレッシングやソース
加えると、酸味と風味がおいしい。

いかのカルパッチョ しょうがピーナッツのせ

低脂肪・低カロリーのいかは、
ナンプラーでうまみを加えるのがミソ。
ピーナッツのコクもきいてます。

1人分
96kcal

● 材料（2人分）

いかの刺身 … 1さく（150g）

A | しょうが（みじん切り）… 1かけ
ピーナッツ（細かく砕く）… 大さじ$\frac{1}{2}$
ナンプラー、ごま油 … 各小さじ1
一味唐辛子 … 少々

1. いかは薄いそぎ切りにし、器に並べ、Aを順にかける。

まぐろのユッケ

まぐろは、手頃な価格のもののほうが、
脂が少なく、ヘルシーでおすすめ。
コチュジャンであえたら、
極上おつまみのでき上がり！

1人分
150kcal

● 材料（2人分）

まぐろの刺身（赤身）… 小1さく（120g）

A | コチュジャン、しょうゆ、白いりごま … 各小さじ2
砂糖、ごま油 … 各小さじ1
にんにく（すりおろす）… 少々

青じそ … 3枚

卵黄 … 1個分

1. まぐろは細切りにし、混ぜたAを加えてあえる。青じそを敷いた器に盛り、卵黄をのせ、全体を混ぜて食べる。

いかのキムチ炒め

いかは、片栗粉をまぶして下ゆですることで、炒め油の量が少しですみ、カロリーも大幅ダウン。味のからみもよくなります。キムチとささっと炒め合わせるだけで、歯ごたえプリプリのビールの最高の友に。

1人分
110kcal

● 材料（2人分）

するめいか（胴のみ）… 1ぱい分（150g）＊
A | 酒 … 小さじ1
　| 塩 … 少々
　| 片栗粉 … 小さじ1
白菜キムチ … 100g
万能ねぎ（3cm長さに切る）… 5本
ごま油 … 小さじ1
＊冷凍のロールいかでもOK

① いかは皮をむき、5mm幅の格子状の切り込みを斜めに入れ、ひと口大に切る。Aをもみ込み、熱湯でさっとゆでて湯をきる。

② フライパンにごま油を熱し、キムチを強火で炒め、香りが出たら❶、万能ねぎを加えてさっと炒める。

ポイント

いかは、片栗粉をまぶして熱湯で下ゆですると、油でただ炒めるよりもカロリーが抑えられ、調味料のからみもよくなる。30〜40秒して切り込みが開いたら、すぐにざるに上げて。

ほたてのマヨチーズ焼き

肝臓の働きを助けるタウリンが豊富で、
二日酔い防止にも役立つ、ほたて。
マヨネーズ＋粉チーズのソースは、
牛乳でのばしてカロリーダウン。
ちらりときかせた、しょうががポイントです。

1人分
132kcal

● 材料（2人分）

ほたて貝柱（刺身用）… 6個（150g）

A | 塩、こしょう … 各少々
白ワイン … 大さじ$\frac{1}{2}$

B | マヨネーズ、粉チーズ … 各大さじ1
牛乳 … 大さじ$\frac{1}{2}$
しょうが（すりおろす）… 少々

1. 耐熱皿にほたてを並べ、Aをふって混ぜたBをかけ、温めたオーブントースターでこんがりするまで5～6分焼く。

たらとえのきの酒蒸し ごま油風味

1人分
109kcal

たらが隠れるくらい、野菜をどっさりのせると、ふっくら、風味よく蒸し上がります。仕上げに回しかけるごま油で、香りとコクをプラス。最後に黒こしょうをたっぷりふって、全体をぴりっと引きしめます。

● 材料(2人分)

- 生たらの切り身 … 2枚(160g)
- 塩 … 小さじ$\frac{1}{3}$
- えのきだけ(長さを半分に切り、ほぐす)… 小1袋
- 長ねぎ(斜め薄切り)… 1本
- 酒 … 大さじ1
- A
  - しょうゆ … 小さじ2
  - ごま油 … 小さじ$\frac{1}{2}$
- 粗びき黒こしょう … 少々

① たらは塩をふって10分おき、水けをふく。耐熱皿に並べ、長ねぎ、えのきの順にのせて酒をふり、ラップをかけて電子レンジ(600W)で4分加熱する。

② 仕上げにAを回しかけ、黒こしょうをふる。
*塩だらで作る場合は、塩はなしでOK。
七味唐辛子をふって食べてもおいしい

えびとエリンギのカレー炒め

1人分
111 kcal

えびは、殻ごと炒めたほうがうまみも出るし、食べるのに時間がかかって、満腹感がアップ。エリンギは、やや厚めの斜め切りにすると、コリコリの歯ごたえが美味です。

ポイント

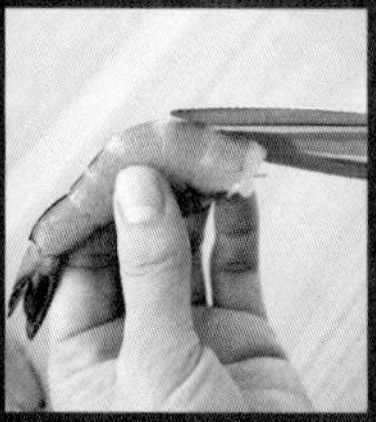

えびは殻つきのまま背にはさみで切り込みを入れ、背ワタを除く。うまみが詰まっているので、殻はむかずに調理するのがコツ。

● 材料（2人分）

殻つきえび（ブラックタイガーなど・背ワタを除く）… 小18尾（200g）

A｜酒 … 小さじ1
　｜こしょう … 少々

エリンギ（1cm 幅の斜め切り）… 1パック（2 ～ 3本）

玉ねぎ（粗みじん切り）… 1/4 個

B｜カレー粉、白ワイン（または酒）… 各小さじ1
　｜塩 … 小さじ 1/4
　｜水 … 大さじ 1/2

サラダ油 … 小さじ1

1. フライパンにサラダ油の半量を熱し、エリンギを強火でこんがり焼きつけ、取り出す。
2. 同じフライパンに残りのサラダ油を熱し、Aをもみ込んだえびの両面を中火でこんがり焼き、玉ねぎを加えて香りが出たら、❶、混ぜたBを加えて炒め合わせる。

えびと万能ねぎのナンプラー炒め

えびは下味ににんにくをきかせて、その風味を立たせます。ナンプラーのうまみが生きた、スパイシーなひと皿です。

1人分
94kcal

● 材料（2人分）

殻つきえび（ブラックタイガーなど・背ワタを除く）… 小18尾（200g）

A | 酒 … 小さじ1
  | にんにく（すりおろす）、塩、こしょう … 各少々

万能ねぎ（4cm長さに切る）… 5本

B | ナンプラー … 大さじ½
  | 粗びき黒こしょう … 少々

サラダ油 … 小さじ1

粗びき黒こしょう、レモン … 各適量

1 えびはAをもみ込み、サラダ油を熱したフライパンの中火で両面をこんがり焼き、B、万能ねぎを加えてさっと炒める。器に盛って黒こしょうをふり、レモンを添える。

ししゃものごましそ焼き

油をひかないフライパンで焼き、香りのものを合わせるだけ。オーブンシートを敷いて焼くと、皮がはがれにくくなります。

1人分
107kcal

● 材料（2人分）

ししゃも … 8尾（100g）

A | 黒いりごま … 小さじ1
  | 青じそ（せん切り）… 5枚

1 フライパンを何もひかずに熱し、ししゃもの両面を中火でこんがり焼き、Aを加えてからめる。

いかのキムチしょうがあえ

いかは切り目を入れて大きめに切ると、味がなじむし、かみごたえも出ます。酒と塩で下味をつけるのがミソで、うまみがぐんとアップします。

1人分
92kcal

● 材料（2人分）

いかの刺身（もんごういかなど）… 1さく（150g）
A｜酒 … 小さじ1
　｜塩 … 少々
白菜キムチ（粗みじん切り）… $\frac{3}{4}$カップ（100g）
しょうが（せん切り）… 1かけ

1. いかは両面に斜め格子状の切り込みを入れ、2cm角に切り、ボウルに入れてAをまぶす。キムチ、しょうが（少し取り分ける）を加えてあえ、器に盛ってしょうがをのせる。

いかののりわさびごま油あえ

淡泊ないかの刺身には、ごま油でコクをプラスします。なるべく細く切って、味のからみをよくするのもコツ。

1人分
98kcal

● 材料（2人分）

A｜いかの刺身（やりいかなど・せん切り）… 1さく（150g）
　｜おろしわさび、ごま油 … 各小さじ1
　｜しょうゆ … 小さじ$\frac{1}{2}$
　｜塩 … 少々
焼きのり（ポリ袋に入れ、手で細かくもむ）… 全形1枚

1. ボウルにAを入れてあえ、のりを加えてひと混ぜし、器に盛ってわさび少々（分量外）をのせる。

まぐろの納豆ねぎあえ

1人分
142kcal

赤身のまぐろには、長ねぎとからしで味にパンチを。たっぷりの白髪ねぎの香りがうれしい、王道のおいしさです！

● 材料（2人分）

A | まぐろの刺身（赤身・1cm 角に切る）
… 1 さく（150g）
納豆 … 1パック（50g）

長ねぎ … $\frac{1}{3}$本

B | しょうゆ … 大さじ $\frac{1}{2}$
みりん、練りがらし
… 各小さじ $\frac{1}{2}$

① 長ねぎは 5cm 分をせん切りにして水にさらし、残りはみじん切りにする。ボウルにB、みじん切りの長ねぎを入れて混ぜ、Aを加えてあえ、器に盛ってせん切りの長ねぎをのせる。

白身魚のカルパッチョ 豆板醤《トウバンジャン》ソース

1人分
109kcal

ピリッと辛みがきいた中華風のたれで、お酒がすすむ味わい。セロリのシャキシャキ食感がアクセント。いか、ほたての刺身で作っても合います。

● 材料（2人分）

白身魚の刺身（鯛、ひらめなど・そぎ切り）… 1 さく（150g）

セロリ（薄い小口切り）… $\frac{1}{4}$本

A | しょうゆ、酢 … 各小さじ 1
豆板醤《トウバンジャン》、砂糖、ごま油 … 各小さじ $\frac{1}{2}$

① 器に白身魚を並べ、セロリ、混ぜたAをかける。

ほたてのソテー ガーリックパセリソース

1人分
125kcal

低カロリーのほたてなら、
バターでソテーすることもできます。
強火でカリッと焼きつけると、
うまみが凝縮して、とびきりおいしい。
香りのいいソースで、ごちそう感たっぷりです。

● 材料（2人分）

ほたて貝柱（刺身用）… 大5個（200g）

A
- 塩、こしょう … 各少々
- 白ワイン（または酒）… 小さじ1/2

B
- にんにく（みじん切り）… 1かけ
- 赤唐辛子（小口切り）… 1本

C
- パセリ（みじん切り）… 大さじ2
- レモン汁、水 … 各大さじ1/2
- 塩 … 小さじ1/3

バター … 5g

1. ほたてはAをまぶし、バターの半量を溶かしたフライパンの強火で片面をこんがり焼き、裏返して残りのバター、Bを加えて焼く。
2. 香りが出たらCを加え、ひと炒めする。

かじきのバジルオイル煮風

バジルと白ワイン、塩を加えた湯で煮たあと、オリーブ油をちらっとたらせば、ヘルシーなのに、しっかりオイル煮風。少し多めの塩がポイントで、味がピシリと決まります。

1人分 140kcal

● 材料（2人分）

かじきの切り身（3等分に切る）… 2枚（150g）

A｜塩、こしょう … 各少々

B｜白ワイン（または酒）… 大さじ1
　塩 … 小さじ$\frac{1}{2}$
　こしょう … 少々
　バジルの茎 … 1本分
　水 … $\frac{1}{2}$カップ

C｜バジルの葉（ちぎる）… 6枚
　オリーブ油 … 大さじ$\frac{1}{2}$

ポイント

かじきは、白ワインとやや多めの塩、バジルを加えた湯で煮たあと、少量のオリーブ油を仕上げに加えてコクを出す。これで、カロリーを抑えつつ、満足感のある味わいに。

① かじきはAをふって5分おき、水けをふく。

② 小鍋にBを煮立たせ、❶を入れて中火で3〜4分煮、仕上げにCを加えてひと煮する。

あさりとキャベツのベーコン蒸し

1人分
93kcal

ノンオイルで作れるフライパン蒸しは、
手軽でヘルシー、おいしさも抜群。
細かく刻んだ玉ねぎがキーで、
香りと風味が全体に広がります。

● 材料(2人分)

A｜あさり(砂抜き済みのもの)… 1パック(300g)
　｜キャベツ(ひと口大に切る)… 3枚
　｜ベーコン(せん切り)… 1枚
B｜玉ねぎ(みじん切り)… 1/4個
　｜白ワイン(または酒)、水 … 各大さじ2
塩 … 小さじ1/3
こしょう … 少々

1. あさりは殻をこすり合わせて洗い、水けをふく。鍋にB、Aの順に入れ、ふたをして強火にかけ、煮立ったら少し火を弱めてあさりの口が開くまで2～3分蒸し煮にし、塩、こしょうをふる。

＊あさりは砂抜き済みのものでも、水1カップ+塩小さじ1強に2～3時間つけ、さらに砂出しするのがおすすめ

鮭ともやしのごまみそ蒸し

1人分
150kcal

ヘルシー度満点のフライパン蒸し。
もやしの水分を利用して、
しっとり、ジューシーに仕上げます。
甘塩鮭なら、下味はこしょうのみでOK。

● 材料(2人分)

生鮭の切り身 … 小2枚(150g)
A｜塩、こしょう … 各少々
もやし … 1袋(200g)
B｜みそ … 大さじ1
　｜白すりごま、みりん
　｜　… 各大さじ1/2
C｜万能ねぎ(小口切り)… 2本
　｜七味唐辛子 … 少々

1. 鮭はAをふって10分おき、水けをふく。フライパンにもやし、鮭、混ぜたB、水大さじ2を入れ、ふたをして強火にかけ、煮立ったら中火で5～6分蒸し煮にする。器に盛り、Cをかける。

4

1人分150kcal以下の
オーブントースターで
ちゃちゃっと！
やせつまみ

切った材料を並べ、パン粉やチーズをのせたら、
あとはこんがり焼けるのを待つだけ。
使う油が最小限ですみ、
香ばしい焼き目がつくオーブントースターは、
実は、やせつまみ作りの強い味方なんです！
こげそうになったら、途中でアルミホイルをかぶせたり、
扉を開けて温度を下げるなど調節して。

鶏肉の明太マヨ焼き

鶏肉は、たたくことで繊維がくずれ、焼いてもやわらかく仕上がります。そのままでは淡泊な鶏むね肉ですが、うまみたっぷりの明太マヨが、最強の味方に！

1人分
121 kcal

● 材料（2人分）

鶏むね肉（皮を除く）… 小1枚（150g）

A | 塩、粗びき黒こしょう … 各少々

B | 明太子（薄皮を除く）… 大½腹（1本・40g）
| マヨネーズ … 大さじ½
| 酒 … 小さじ1

一味唐辛子 … 少々

① 鶏肉は厚みに包丁を入れて開き、すりこ木でたたいて薄くのばし、Aをすり込んで7～8等分に切る。

② 混ぜたBを表面に塗り、温めたオーブントースターで7～8分焼き、器に盛って一味をふる。

ポイント

鶏肉は、厚みのある部分に包丁を斜めに入れ、左右に開く。このあとラップ2枚ではさみ、すりこ木でたたいて薄くのばす。

ちくわのゆかりチーズ焼き

簡単つまみの代表メニュー。
ゆかりの香り、粉チーズのコクを加えれば、
ただ焼くだけで、とびきりのおいしさ！

1人分
83kcal

● 材料（2人分）

ちくわ（縦半分に切り、長さを半分に切る）
…4本（140g）
ゆかり … 小さじ½
粉チーズ … 大さじ1

1 ちくわにチーズ、ゆかりの順にふり、温めたオーブントースターで5〜6分焼く。

タンドリーチキン風スペアリブ

骨つきの鶏肉は、うまみたっぷり。
ひと晩漬けたり、たれごと冷凍し、
電子レンジで解凍して焼いても。
こげそうなら、ホイルをかけて。

1人分
142kcal

● 材料（2人分）

鶏スペアリブ（手羽中を半分に切ったもの）
… 大6本（180g）
プレーンヨーグルト … 大さじ1
カレー粉 … 大さじ½
ケチャップ … 小さじ1
しょうゆ、溶かしバター … 各小さじ½
にんにく、しょうが（すりおろす）… 各1かけ
塩 … 少々

1 ポリ袋に材料をすべて入れてもみ込み、20分おき、温めたオーブントースターでたれごと15分焼く。

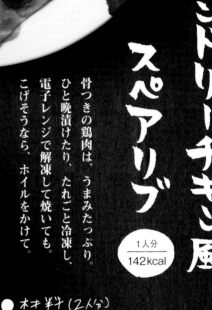

ささみのガーリックパン粉焼き

1人分
150kcal

パン粉にオリーブ油を混ぜて使うのがミソ。
これで、ぐんと香ばしくなります。
ささみ全体をおおうようにかけて焼くと、
コクがいきわたって、極上の味わい。

● 材料（2人分）

鶏ささみ … 5本（200g）
塩、白ワイン（または酒）… 各小さじ½
A にんにく（みじん切り）… 1かけ
パン粉 … 大さじ2
オリーブ油 … 大さじ½
粗びき黒こしょう … 小さじ½

1. ささみは塩をすり込んで白ワインをふり、混ぜたAをのせ、温めたオーブントースターで6〜7分焼く。

ほたてのトマトチーズ焼き

1人分
108kcal

ほんの少しの玉ねぎのすりおろしで、
甘みと香りをプラスするのがポイント。
粒マスタードの酸味がアクセントです。
ほたてにトマトとチーズをのせて焼くだけ、
なんて信じられないほどのおいしさ！

●材料（2人分）

ほたて貝柱（刺身用・厚みを半分に切る）… 大4個（160g）

A　塩 … 小さじ1/3
　　こしょう … 少々

B　玉ねぎ（すりおろす）… 小さじ1
　　プチトマト（3等分の輪切り）… 4個
　　粒マスタード … 小さじ1
　　粉チーズ … 大さじ1

1. ほたてはAをふり、耐熱皿に並べてBを順にのせ、温めたオーブントースターでこんがりするまで7～8分焼く。

鮭のハーブパン粉焼き

これも、パン粉にオリーブ油を混ぜるのがコツ。白ワインをふって、鮭に香りをプラスします。ハーブはドライのバジル、オレガノ、タイム、青じそやパセリのみじん切りでもいいですよ。

1人分
139kcal

● 材料（2人分）

甘塩鮭の切り身 … 小2枚（140g）
白ワイン（または酒）… 小さじ1
A | パン粉 … 大さじ1
| ローズマリー（ドライ・指でつぶす）、
| オリーブ油 … 各小さじ1
かいわれ（長さを半分に切る）… ½パック

1. 鮭は白ワインをふり、混ぜたAをのせ、温めたオーブントースターで7～8分焼く。器に盛り、かいわれを添える。

ドライローズマリーは、少量で十分香りが出るので、使いすぎには注意して。指でつぶしてから加えると、より香りが立つ。チキンソテーや蒸し魚に加えるのもおすすめ。

きのこのにんにくしょうがホイル焼き

1人分
40kcal

やせ食材の王者・きのこと香味野菜をホイル焼きにしたら、ボリュームたっぷりなのに、驚きの低カロリー。レモンを絞れば、味にメリハリがきいてまた美味。

● 材料（2人分）

しめじ（ほぐす）… 小1パック
生しいたけ（縦4等分に切る）
　… 大4枚
A | にんにく、しょうが（みじん切り）… 各1かけ
　| 酒 … 小さじ1
　| 塩、しょうゆ … 各小さじ$\frac{1}{4}$
バター … 5g
レモン … 適量

1. アルミホイルにきのこを入れ、混ぜたA、バターをのせて包み、温めたオーブントースターで7〜8分焼き、レモンを添える。
＊アルミホイルが直接熱源に当たらないように注意

野沢菜とツナの焼きワンタン

1人分
86kcal

この具だけをつまみにしてもおいしい。油を塗って焼くワンタンは、ヘルシーなのに、香ばしさ満点です。

● 材料（2人分／8個）

A | 野沢菜漬け（みじん切り）… 大さじ3
　| ツナ缶（スープ漬け・汁けをきる）… 小$\frac{1}{2}$缶（35g）
　| 長ねぎ（みじん切り）… 5cm
　| 片栗粉 … 小さじ$\frac{1}{2}$
ワンタンの皮 … 8枚
サラダ油 … 小さじ1

1. ワンタンの皮全体にサラダ油を塗り、混ぜたAをのせて斜め半分にたたみ、端を押さえてくっつけ、温めたオーブントースターで6〜7分焼く。

ミックスきのこのヘルシーグラタン

きのこは、焼きつけることでうまみを凝縮させます。
ホワイトソースのバターは、風味づけ程度。
片栗粉でとろみをつけて、カロリーをダウン。
それでも、びっくりするほど深い味わいです。

1人分
126kcal

● 材料（2人分）

まいたけ（ほぐす）… 小1パック
生マッシュルーム（縦半分に切る）
… 1パック（10個）
A
- にんにく（すりおろす）… 1かけ
- 白ワイン（または酒）… 大さじ1
- 塩 … 小さじ1/3

B
- 牛乳 … 1カップ
- 片栗粉 … 小さじ2

バター … 5g
粉チーズ … 小さじ1

① フライパンを何もひかずに熱し、きのこを強火でこんがり焼きつけ、Aを加えてひと炒めする。
混ぜたBを加え、ヘラで混ぜながら中火で煮立たせ、とろみがついたらバターを加える。

② 耐熱皿に入れてチーズをふり、温めたオーブントースターで7〜8分焼く。

ポイント

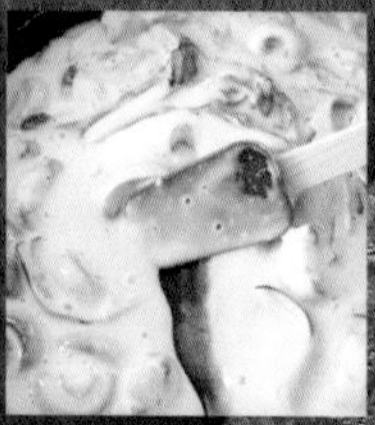

バターで小麦粉を炒めて作るホワイトソースを、牛乳+片栗粉でカロリーダウン。こうすることで、かえってきのこのうまみたっぷりのソースに。

5

1人分100kcal以下の

きのこ・乾物・海藻のすっきり！やせつまみ

低カロリー御三家とも呼べる、この3食材は、思う存分、好きなだけ食べてもへっちゃら。しかも、どれも食物繊維がたっぷりで、翌朝はお腹がすっきりするというおまけつきです。オリーブオイルで炒めれば、白ワインに。網焼きにして和風マリネにすれば、日本酒に。変幻自在な懐の深さ、じっくりご覧にいれます！

しめじとえのきのアーリオ・オーリオ

1人分
70kcal

にんにくを弱火でじわじわ炒め、
油に香りをしっかり移すのが大事。
きのこは、あまり動かさないようにして
じっくりと焼きつけ、
香ばしさを味わいます。

● 材料（2人分）

しめじ（大きめにほぐす）… 小2パック
えのきだけ（ほぐす）… 小1袋
にんにく（みじん切り）… 1かけ
赤唐辛子（小口切り）… 1本
塩 … 小さじ1/3
オリーブ油 … 小さじ2

① フライパンにオリーブ油、にんにくを入れて弱火にかけ、香りが出たら赤唐辛子を加え、薄く色づいたら中火にし、きのこを加えて炒める。

② しんなりしたら塩をふり、なるべく動かさずに焼きつけるようにして炒める。

ポイント

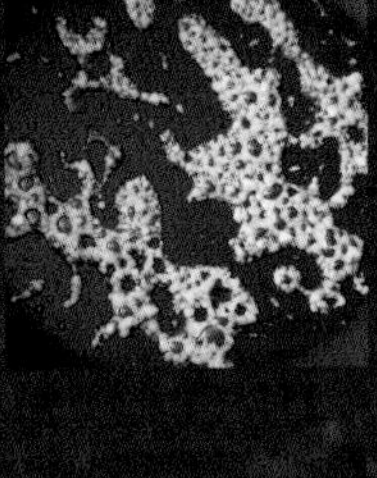

フライパンがまだ冷たいタイミングで、オリーブ油とにんにくを入れ、弱火にかけてじわじわ炒める。ここで焼き色をつけてしまうと、最後にはこげて苦くなるので、香りが出る程度でOK。

焼ききのこの和風マリネ

網焼きにして、
漬け汁だってノンオイル、
この上なく低カロリーのマリネです。
きのこは焼きすぎると、
乾燥するので注意。

1人分
22kcal

● 材料（2人分）

生しいたけ（縦半分に切る）
…8枚
しめじ（大きめにほぐす）
…小1パック

だし汁…½カップ
A
- しょうが（細切り）…1かけ
- しょうゆ、酒…各小さじ1
- 塩…小さじ½

1. 鍋にだし汁を入れて煮立たせ、Aを加える。
2. きのこは焼き網（または魚焼きグリル、フライパン）に並べ、強めの中火でこんがりと焼く。❶に加え、10分ほどなじませる。

しめじの明太マヨ焼き

酒でうまみを、
豆板醤《トウバンジャン》で辛みを加えた
この明太マヨソース焼きは、
はんぺん、ささみ、
ほたてで作っても美味。

1人分
76kcal

● 材料（2人分）

しめじ（大きめにほぐす）…小2パック
A
- 明太子（薄皮を除く）…½腹（1本・22.5g）
- マヨネーズ…大さじ1
- 酒…大さじ½
- しょうゆ、豆板醤《トウバンジャン》…各小さじ½

1. 耐熱皿にしめじをのせ、混ぜたAをかけ、温めたオーブントースターで5〜6分焼く。

エリンギの粉チーズパン粉焼き

白ワインをふって、香りよく焼き上げます。
粉チーズだけだとカロリーオーバーなので、
半量をパン粉にかえて、カリカリ感も満喫。

1人分
73kcal

● 材料（2人分）

エリンギ（縦半分に切る）… 2パック（4～6本）

A｜塩 … 小さじ 1/3
　｜こしょう … 少々
　｜白ワイン … 大さじ 2

B｜粉チーズ、パン粉 … 各大さじ 2

粗びき黒こしょう … 少々

1. 耐熱皿にエリンギをのせ、Aを順にふって混ぜたBをかけ、温めたオーブントースターで7～8分焼き、黒こしょうをふる。

マッシュルームのブルゴーニュ風

実はマッシュルームは、
きのこの中でも
特にカロリーが低い優等生。
バターと合わせても、
たっぷり食べられます。

1人分
89kcal

● 材料（2人分）

生マッシュルーム… 15個

A｜にんにく（みじん切り）… 2かけ
　｜パセリ（みじん切り）… 大さじ 1
　｜バター（室温に戻す）… 10g
　｜オリーブ油 … 大さじ 1/2
　｜塩 … 小さじ 1/3

1. マッシュルームは軸をみじん切りにし、Aと混ぜる。これをかさの内側にのせ、耐熱皿に並べ、温めたオーブントースターで10分焼く。

焼ききのこの香味ソースがけ

1人分
52kcal

香味野菜どっさりのこのソースは、「油淋鶏《ユーリンチー》」のたれに似てパンチのある味わい。焼いたりゆでたりした肉、いか、えび、刺身にかけてもよく合います。

● 材料（2人分）

生しいたけ（石づきをとる）… 4枚
エリンギ（縦3～4等分の薄切り）
　… 1パック（2～3本）
A｜長ねぎ（みじん切り）… 10cm
　｜しょうが、にんにく（ともにみじん切り）
　｜　… 各1かけ
　｜酢、しょうゆ … 各小さじ2
　｜砂糖、ごま油 … 各小さじ½

1. きのこはハケで全体にオイル水（オリーブ油小さじ1＋水大さじ2）を塗り、焼き網（または魚焼きグリル、フライパン）に並べ、強めの中火でこんがりと焼く。混ぜたAをかける。

エリンギのコチュジャン焼き

1人分
84kcal

甘くて辛いコチュジャンを
たっぷり塗って、トースターで焼くだけ。
にんにくとすりごま入りで、コクは十分。

● 材料（2人分）

エリンギ（縦半分に切る）
…2パック（4〜6本）

A | コチュジャン、白すりごま
… 各大さじ1
酒、水 … 各大さじ½
みそ、しょうゆ … 各小さじ1
ごま油 … 小さじ½
にんにく（すりおろす）… 1かけ
長ねぎ（みじん切り）… 3cm

1. エリンギは断面に混ぜたAを塗り、
温めたオーブントースターで10分焼く。

エリンギと玉ねぎのチーズ焼き

1人分
84kcal

甘みの出た玉ねぎと一緒に食べる、
きのこのおいしさといったら！
電子レンジで先に加熱すれば、スピーディ。

● 材料（2人分）

エリンギ（縦4等分に切る）… 1パック（2〜3本）
玉ねぎ（縦半分に切り、横1cm幅に切る）… 1個

A | 酒 … 大さじ1
塩 … 小さじ⅓
こしょう … 少々

ピザ用チーズ … 大さじ2弱（15g）
しょうゆ … 小さじ1

1. 耐熱皿に玉ねぎ、エリンギの順にのせ、
Aをふり、ラップをかけて
電子レンジ（600W）で5分加熱する。

2. チーズをのせ、温めたオーブントースターで
10分焼き、しょうゆをかけて食べる。

ひじきとえのきのナムル

1人分
43kcal

ナンプラーとレモン汁で味つけした、ちょっとアジアンなナムルです。ひじきがもりもり食べられます。

● 材料（2人分）

芽ひじき（乾燥・水につけて戻す）
… 大さじ2
えのきだけ（長さを半分に切り、ほぐす）
… 小1袋
A ごま油 … 小さじ1
にんにく（すりおろす）… 1かけ
ナンプラー … 大さじ1/2
塩 … 少々
レモン汁 … 大さじ1/2

1 ひじきとえのきは塩少々（分量外）を加えた熱湯でさっとゆで、水けをしっかり絞り、熱いうちにAを順に加えてあえる。

ひじきのキムチあえ

1人分
41kcal

ひじきの磯くささを抑えるには、ゆでてすぐ、しょうゆをまぶすのがコツ。キムチと合わせれば、苦手な人もパクパク！

● 材料（2人分）

芽ひじき（乾燥・水につけて戻す）
… 大さじ2
しょうゆ … 小さじ1
白菜キムチ（せん切り）
… 3/4カップ（100g）
しょうが（すりおろす）… 1かけ
白いりごま … 大さじ1/2

1 ひじきは塩少々（分量外）を加えた熱湯でさっとゆで、湯をきり、熱いうちにしょうゆをまぶす。残りの材料を加えてあえる。

切り干し大根のナポリタン風

シャキシャキした食感が楽しめつつ、
でも、味はしっかりナポリタン！
切り干し大根は、水けを絞りすぎないほうが、
しっとり、おいしく仕上がります。

1人分 98kcal

● 材料（2人分）

切り干し大根（乾燥）
　… ふたつまみ（20g）
玉ねぎ（薄切り）… 1/4 個
ピーマン（せん切り）… 1個
ロースハム（せん切り）… 2枚

A　ケチャップ … 大さじ1
　　しょうゆ … 小さじ1
　　塩、こしょう … 各少々
サラダ油 … 小さじ1

1. 切り干し大根はもみ洗いし、ひたひたの水に15分つけて戻し、水けを軽く絞って食べやすく切る。
2. フライパンにサラダ油を熱し、玉ねぎを強めの中火で炒め、しんなりしたら切り干し大根を加えて炒める。油が回ったら、ピーマンとハムを加えてさっと炒め、Aで味つけする。

切り干し大根のカレーマリネ

スパイシーなカレー味と、切り干し大根。
ちょっと意外な取り合わせですが、
ひと口食べてびっくり！の相性のよさ。
紫玉ねぎの食感と辛みに、
ビールがすすみます。

1人分
98kcal

● 材料（2人分）

切り干し大根（乾燥）… ひとつかみ（30g）
紫玉ねぎ（5mm幅に切る）… 1/4個

A
- 白ワインビネガー（または酢）… 大さじ4
- 砂糖、水 … 各大さじ2
- カレー粉 … 小さじ1
- 塩 … 小さじ1/2
- ローリエ … 1枚
- しょうが、にんにく（ともにすりおろす）… 各少々

① 切り干し大根はもみ洗いし、ひたひたの水に15分つけて戻し、水けを絞って食べやすく切る。

② ボウルにAを入れて混ぜ、❶と紫玉ねぎを加えてあえ、10分以上なじませる。
＊冷蔵室で4～5日保存可。まとめて作って、ストックしても

わかめとかいわれの梅マヨサラダ

ヘルシーおつまみの代表といえば、これ。梅干しの酸味をマヨネーズでやわらげ、だしでのばして、からみやすくします。

1人分
51kcal

● 材料（2人分）

塩蔵わかめ（水に5分つけて戻し、ざく切り）… 30g
かいわれ（根元を切り、長さを半分に切る）… 1パック
A | 梅干し（たたく）、だし汁（または水）… 各大さじ½
　| マヨネーズ … 大さじ1

1. 器にわかめとかいわれを盛り、混ぜたAをかける。

わかめときゅうりの香味あえ

青じそとしょうがのさわやかな香りを加えた、箸休めにぴったりなさっぱり味。これに酢を加えると、おなじみの酢のものに。

1人分
33kcal

● 材料（2人分）

塩蔵わかめ（水に5分つけて戻し、ざく切り）… 30g
| きゅうり … 1本
| 塩 … ふたつまみ
青じそ（せん切り）… 10枚
しょうが（せん切り）… 1かけ
しょうゆ、ごま油 … 各小さじ1
白いりごま … 少々

1. きゅうりは4〜5cm長さの短冊切りにし、塩をふってもみ、しんなりしたら水けを絞る。
2. 白ごま以外の材料を加えてあえ、器に盛って白ごまをふる。

6

1人分100kcal以下の

しらたき、こんにゃく、乾物のひとヒネリ！やせつまみ

しらたきとこんにゃくは、塩でもんでからゆで、水けをしっかり飛ばすことでクセが抜けて、かみごたえのある万能食材に変身。しらたきは100g 6kcal、こんにゃくは5kcalと、抜群にカロリーが低いのがうれしい。おかげでバターや肉、卵と調理したり、そう、揚げものだってできちゃいます！

しらたきカルボナーラ

卵黄を2個分使って、ベーコンなしでもコクが出るように。
卵＋粉チーズのソースは、火を止めてから加えるのがコツです。
弱火でゆっくり火を通してとろりとさせ、
半熟状態に仕上げれば、この上ないおいしさに！

1人分
100kcal

● 材料（2人分）

しらたき（ざく切り）… 1袋（200g）

A
- 卵黄 … 2個分（または全卵1個）
- 牛乳、粉チーズ … 各大さじ½
- 塩、こしょう … 各少々

にんにく（すりおろす）… ¼かけ

バター … 小さじ1

B　粉チーズ、粗びき黒こしょう … 各少々

1. しらたきは塩少々（分量外）でもみ、熱湯で3～4分ゆで、湯をしっかり絞る。
2. フライパンにバター、にんにくを入れて弱火にかけ、香りが出たら❶を加えて中火で炒め、温まったら火を止めて混ぜたAを加え、弱火で混ぜながらとろりとさせる。器に盛り、Bをふる。

ポイント

しらたきは塩少々を加えて手でもみ、そのあと熱湯で3～4分ゆでると、弾力が出て食べごたえがアップ。少量でも満足感のあるひと皿に。

しらたきのたらこマヨスパ風

たらこマヨににんにくも加えて、
ぐぐっとつまみっぽく。
これをフライパンでいりつけて、
冷蔵ストックするのもおすすめ。

1人分 69kcal

● 材料（2人分）

しらたき（ざく切り）… $1\frac{1}{2}$袋（300g）

A
- たらこ（薄皮を除く）… 大$\frac{1}{2}$腹（1本・40g）
- マヨネーズ … 小さじ2
- にんにく（すりおろす）… $\frac{1}{2}$かけ

青じそ（せん切り）… 10枚

1. しらたきは塩少々（分量外）でもみ、熱湯で3〜4分ゆで、湯をしっかり絞る。Aを合わせたボウルに加えてあえ、器に盛って青じそをのせる。

こんにゃくのチンジャオロースー

お肉のかわりにこんにゃく！
でも、不思議とボリューム満点です。
片栗粉を少し加えるのがミソで、
味がしっかり、こってりからみます。

1人分 63kcal

● 材料（2人分）

こんにゃく（7〜8mm角の棒状に切る）… $1\frac{1}{2}$枚（300g）

ピーマン（縦に細切り）… 3個

A
- 長ねぎ（粗みじん切り）… 10cm
- にんにく（粗みじん切り）… 1かけ

B
- しょうゆ … 大さじ$\frac{1}{2}$
- オイスターソース、酒 … 各小さじ1
- 砂糖 … 小さじ$\frac{1}{2}$
- 片栗粉 … 小さじ$\frac{1}{3}$

サラダ油 … 小さじ1

ごま油 … 少々

1. こんにゃくは塩少々（分量外）でもみ、熱湯で2分ゆでて湯をきり、フライパンの強火でからいりし、取り出す。
2. フライパンにサラダ油を熱し、Aを中火で炒め、香りが出たらピーマン、少ししんなりしたら❶、混ぜたBを加えて炒め、仕上げにごま油をふる。

こんにゃくの肉巻きすき煮

1人分
99kcal

牛肉が少し入るだけで、
味出し効果は抜群！
塩でもんだこんにゃくは、
傷がついて味がしみやすくなるんです。

● 材料（2人分）

こんにゃく（縦4等分に切る）
…1枚（200g）
牛もも薄切り肉…4枚（60g）
万能ねぎ（斜め薄切りにし、
水にさらす）…5本

A
- しょうゆ…大さじ$1\frac{1}{3}$
- 酒、みりん…各大さじ1
- 水…大さじ3
- 砂糖…小さじ$\frac{1}{2}$

1. こんにゃくは左ページを参照して下ゆでし、水けをふいて牛肉を1枚ずつ巻きつけ、何もひかずに熱したフライパンに巻き終わりを下にして入れ、強火で焼きつける。Aを加えて中火で3〜4分煮、万能ねぎを加えてさっと煮る。

こんにゃくステーキ

1人分
78kcal

コンソメで下煮したこんにゃくは、
汁ごと冷蔵庫に常備しておくと、
お肉がわりに使えます。
ソテーに、刻んでチャーハンにも。

1. こんにゃくは左ページを参照して下ゆでし、Aとともに鍋に入れ、弱火で返しながら15分煮る。
2. フライパンにオリーブ油を熱し、❶の両面を強火でこんがり焼いて取り出す。続けてバターの半量、玉ねぎを中火で炒め、しんなりしたらBを加え、残りのバターを溶かす。器に盛り、クレソンを添える。

● 材料（2人分）

こんにゃく（フォークで全体に穴をあけ、
両面に斜め格子状の切り込みを入れ、
縦3等分に切る）…2枚（400g）

A
- 固形スープの素…1個
- 水…$\frac{1}{2}$カップ
- にんにく（すりおろす）…1かけ

玉ねぎ（みじん切り）…$\frac{1}{4}$個

B
- しょうゆ…大さじ$\frac{1}{2}$
- 水…大さじ1

オリーブ油…小さじ$\frac{1}{2}$
バター…10g
クレソン（葉をつむ）…1束

こんにゃくのひと口カツ

こんにゃくの水けをしっかり飛ばすのが、肝心カナメ、最大のポイントです。ころもは、卵のかわりに小麦粉＋水をつけると、カリッとした食感に揚がります。

1人分
100kcal

ポイント

こんにゃくは、下ゆでしたあとフライパンでからいりし、水けをしっかり飛ばすのが大切。これで、カツにしてもカリッと香ばしく仕上がる。

● 材料(2人分)

こんにゃく(両面に斜め格子状の
切り込みを入れ、8等分に切る)… 1枚(200g)

A | 小麦粉 … 大さじ$1\frac{1}{2}$
　| 水 … 大さじ1

パン粉(ポリ袋に入れてすりこ木でつぶし、
細かくする)… 大さじ2

揚げ油、キャベツ(せん切り)… 各適量

中濃ソース … 大さじ$\frac{1}{2}$

① こんにゃくは塩少々(分量外)でもみ、熱湯で2分ゆで、湯をきる。フライパンに入れ、水けがしっかり飛ぶまで強火でからいりする。

② 冷めたら混ぜたA、パン粉の順にころもをつけ、中温(180℃)の揚げ油できつね色になるまで1〜2分揚げる。器に盛ってキャベツを添え、ソースをかける。

春雨の焼きビーフン風

しらたきとそっくりの春雨ですが、
実は30gで103kcalと、やや高カロリー。
そこで熱湯につけてふやかし、カサを増やす作戦です。
たっぷりの野菜で、食べごたえを出すのもコツ。

1人分
100kcal

● 材料（2人分）

緑豆春雨（乾燥）… 30g
もやし … ½袋（100g）
にんじん（せん切り）… ¼本
キャベツ（5mm幅に切る）… 1枚
桜えび … 大さじ1
A | しょうゆ、酒 … 各小さじ2
　| 鶏ガラスープの素 … 小さじ½
　| 湯 … 大さじ1
ごま油 … 小さじ1

① 春雨は熱湯をかけて10分おき、湯をきって食べやすく切る。

② フライパンにごま油を熱し、桜えびを中火で炒め、香りが出たら野菜を加え、しんなりしたら❶、混ぜたAを加えて汁けがなくなるまで炒め合わせる。

ポイント

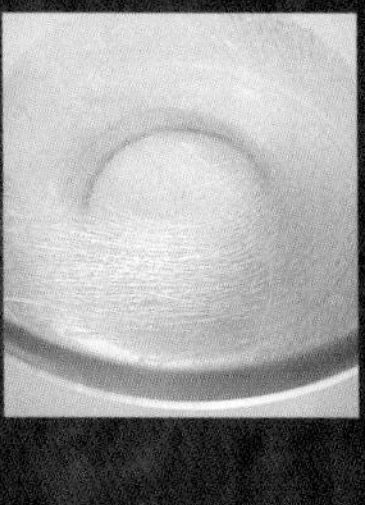

春雨は、熱湯につけて10分おくと、しっかりふやけてビーフンに近い食感に。ゆでると逆に歯ごたえとコシが出るので、左ページのような場合はそちらの方法に。

春雨としいたけのペペロンチーノ

こちらはゆでてコシを出し、
より食感を麺に近づけて。
にんにく＋赤唐辛子のおいしさは、
やっぱり最強！

1人分 96kcal

● 材料（2人分）

緑豆春雨（乾燥）… 30g
生しいたけ（薄切り）… 4枚
赤唐辛子（斜め半分に切る）… 1～2本
水 … 大さじ2
塩 … 小さじ$\frac{1}{3}$
A ｜ にんにく（みじん切り）… 2かけ
｜ オリーブ油 … 大さじ$\frac{1}{2}$

1. 春雨は熱湯で2分ゆで、湯をきって食べやすく切る。
2. フライパンにAを入れて弱火にかけ、香りが出たら赤唐辛子、薄く色づいたらしいたけを中火で炒める。しんなりしたら❶、水を加えて汁けがなくなるまで炒め、塩をふる。

切り干し大根とひじきのペペロンチーノ

切り干し大根とひじきは、
どちらも低カロリーで
食物繊維たっぷりの優秀食材。
和の食材でも、にんにくで炒めれば、
洋風つまみに変身。ワインにもどうぞ。

1人分 84kcal

● 材料（2人分）

A ｜ 切り干し大根（乾燥）… ふたつまみ（20g）
｜ 芽ひじき（乾燥・水につけて戻す）… 大さじ$2\frac{1}{2}$
赤唐辛子（小口切り）… 1～2本
塩 … 小さじ$\frac{1}{3}$
B ｜ にんにく（みじん切り）… 2かけ
｜ オリーブ油 … 小さじ2

1. 切り干し大根はもみ洗いし、ひたひたの水に15分つけて戻し、水けを軽く絞って食べやすく切る。
2. フライパンにBを入れて弱火にかけ、香りが出たら赤唐辛子、Aを加えて中火で炒め、温まったら塩をふる。

切り干し大根の焼きそば風

お肉のかわりにおかかを加えて、カロリーは抑えつつ、うまみをキープ。切り干し大根は、軽めに水けを絞り、炒めて水分を飛ばすのがおすすめ。

1人分
100kcal

● 材料（2人分）

A
- 切り干し大根（乾燥）… ひとつかみ（30g）
- しめじ（ほぐす）… 小½パック
- にんじん（短冊切り）… ¼本

キャベツ（3cm角に切る）… 1枚

B
- 中濃ソース … 大さじ1
- しょうゆ、みりん … 各大さじ½
- 水 … 大さじ3
- 削り節 … 1パック（2.5g）

サラダ油 … 小さじ1
青のり … 少々

1. 切り干し大根はもみ洗いし、ひたひたの水に15分つけて戻し、水けを軽く絞って食べやすく切る。
2. フライパンにサラダ油を熱し、Aを中火で炒め、油が回ったらキャベツを加え、しんなりしたら混ぜたBを加えて炒め合わせる。器に盛り、青のりをふる。

7

1人分150kcal以下の

ヘルシー鍋のやせつまみ

真夏でも、鍋をよく食べるわが家。
準備は簡単、野菜はどっさり食べられるし、
いい汗かいて、カロリーだって控えめと
まさにいいことづくしです。
にんにく、赤唐辛子、ラー油をきかせて、
家族みんなが満足できる味に仕上げました。

豚バラ、キャベツ、にらのにんにく鍋

豚バラ肉は、たったの2枚だけ。でも、ちょこっと入ることで味わい深さが全く違ってきます。にんにくをたっぷり2かけ加えれば、大量のキャベツやにらだって、ペロリです。

1人分
124kcal

● 材料（2人分）

豚バラ薄切り肉（3cm幅に切る）
…2枚（30g）
キャベツ（大きめのざく切り）…6枚
にら（5cm長さに切る）…1束
にんにく（薄切り）…2かけ
赤唐辛子（小口切り）…1本
A｜塩、みりん…各小さじ1
｜だし汁…$2\frac{1}{2}$カップ

① 鍋にA、キャベツ、豚肉、にらの順に入れ、にんにくと赤唐辛子をのせ、ふたをして強火にかける。

② 煮立ったら火を弱め、肉と野菜に火が通ったら食べる。

春雨とえのきのタンタン鍋

1人分 150kcal

春雨は長いまま、えのきも1本ずつほぐして、この2つをめんに見立てて、ツルツルッといただきます。最後に加える酢がポイントで、全体の味がぐっと引きしまります。

● 材料（2人分）

豚ひき肉（もも）… 50g
緑豆春雨（乾燥・熱湯につけて戻す）… 20g
えのきだけ（1本ずつほぐす）… 小2袋
豆板醤《トウバンジャン》 … 小さじ1
A｜みそ、しょうゆ、酒 … 各大さじ½
B｜鶏ガラスープの素 … 小さじ1
　｜水 … 1½カップ
C｜長ねぎ（みじん切り）… ⅓本
　｜しょうが、にんにく（ともにみじん切り）… 各1かけ
　｜味つきザーサイ（びん詰・みじん切り）… ⅕びん（20g）
　｜白練りごま … 小さじ1
ごま油 … 小さじ½
D｜酢 … 大さじ1
　｜ラー油 … 少々

1. 鍋にごま油を熱し、ひき肉をほぐしながら強めの中火で炒め、パラパラになったら豆板醤を加え、香りが出たらAをからめる。

2. Bを加えて煮立たせ、C、春雨、えのきを加えてさっと煮、仕上げにDを回しかける。

白練りごまは、白ごまをいってクリーム状になるまですりつぶしたもの。ごまの濃厚なうまみと香りがあり、しゃぶしゃぶのたれやあえものに使うと美味。

豚肉と長ねぎのおろししゃぶしゃぶ

1人分
150kcal

大根おろしでしゃぶしゃぶすると、
肉がやわらかくなって、さらにおいしいんです。
皮ごとすりおろしたかぶで作るのもおすすめ。
消化酵素が詰まった大根おろし、
汁まで飲めば、消化もよくなります。

● 材料（2人分）

豚もも薄切り肉（しゃぶしゃぶ用）… 12枚（120g）
長ねぎ（縦半分に切り、斜め薄切り）… 1本
大根おろし（水けを軽くきる）… $1\frac{1}{2}$カップ（300g）

A｜昆布 … 10cm
　｜水 … 3カップ

B｜酢、しょうゆ … 各大さじ2
　｜青唐辛子（小口切り）… 2本
　｜にんにく（すりおろす）… 少々

① 鍋にAを入れて1時間ほどおき、弱火にかけ、煮立つ直前に昆布を取り出し、大根おろしを加える。

② 再び煮立ったら長ねぎ、豚肉（脂があれば除く）を加え、火が通ったらBのたれをつけて食べる。

8

1人分100kcal以下の

ストックしてラクラク！やせつまみ

時間がある時にまとめて作っておけば、
冷蔵庫から出すだけで、すぐに食べられるうれしさ。
メインになるボリュームつまみに、
野菜が不足気味の時に活躍してくれる、サブつまみ。
味がなじんできたら、生野菜や豆腐と合わせれば、
飽きることなく、最後までおいしくいただけます。

みそ鶏

鶏肉をみそだれに30分ほど漬け、
電子レンジで加熱するだけ。
細かくさいてあえものに使ったり、
スライスしてそのまま食べてもおいしい。

かいわれとあえて

1人分
83kcal

● 材料と作り方（2人分）

みそ鶏 $2/3$ 枚分は手で細かくさき、蒸し汁小さじ１、長さを半分に切ったかいわれ１パックを加えてあえる。

● 材料（6人分）

鶏むね肉（皮を除く）… 小２枚（300g）
しょうが（すりおろす）… １かけ
みそ … 大さじ３
酒 … 大さじ２

1. ポリ袋に材料をすべて入れてからめ、30分以上（〜ひと晩）おく。耐熱ボウルに汁ごと入れ、ラップをはりつけてさらにラップをかけ、電子レンジ（600W）で５分加熱し、冷ます。
＊日持ち…汁ごと容器に入れ、冷蔵室で５日。スライスして小分けにしてラップで包み、冷凍室で１か月くらい

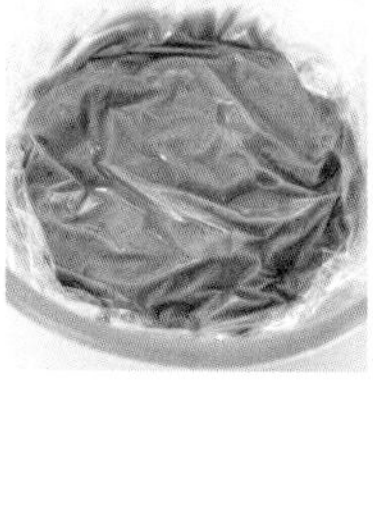

ポイント

耐熱ボウルに鶏肉を入れ、ラップをはりつける。この上にさらにラップをかけることで、しっとり仕上がる。

コンソメ鶏ハム

室温に戻した鶏肉を煮立ったスープで2分ゆで、
あとは余熱で火を通せば、しっとり、おいしく。
刻んであえものに、サンドイッチにもどうぞ。

ベビーリーフを添えて

1人分
60kcal

● 材料と作り方（2人分）

鶏ハム$\frac{2}{3}$枚分は薄切りにし、ベビーリーフ1パックとともに器に盛り、粒マスタード少々を添える。

● 材料（6人分）

鶏むね肉（皮を除く・30分前に冷蔵室から出し、
室温に戻す）… 小2枚（300g）

A
- 固形スープの素 … 1個
- 水 … $1\frac{1}{2}$カップ
- 白ワイン（または酒）… 大さじ1
- はちみつ … 小さじ1
- 塩 … 小さじ$\frac{1}{2}$
- にんにく（薄切り）… 1かけ
- ローリエ … 1枚
- 粗びき黒こしょう … 少々

1. 厚手の鍋（直径18cmくらい）にAを煮立たせ、鶏肉を入れて再び煮立ったらふたをし、弱めの中火で2分加熱して火を止め、90分以上おく（薄手の鍋の場合は、バスタオルで包んで保温する）。

*日持ち…冷めたら汁ごと容器に入れ、冷蔵室で5日。スライスして小分けにしてラップで包み、冷凍室で1か月くらい

中華風コールスロー

ラー油と粉山椒がピリリときいて、
お酒がすすむ味です。日を追うごとに
おいしくなるのもうれしい。

● 材料（6～8人分）＊約5½カップ

キャベツ（3cm角に切る）… ½個
塩 … 大さじ½

A
- しょうゆ、酢 … 各大さじ2
- 砂糖 … 大さじ1
- ラー油 … 小さじ2
- 粉山椒 … 小さじ⅓～½
- しょうが（みじん切り）… 1かけ

1 キャベツはポリ袋に入れて塩をまぶし、空気を抜いて口をしばり、しんなりしたらさっと洗って水けをしっかり絞る。Aを合わせたボウルに加え、よくあえる。

＊日持ち…容器に入れ、冷蔵室で5日くらい

もやしにのせて

1人分 80kcal

● 材料と作り方（2人分）

器にさっとゆでて湯をきったもやし1袋（200g）を盛り、コールスロー¼量をのせ、漬け汁大さじ2をかける。

にんじんの粒マスタードマリネ

切ってただ漬けるだけ、の手軽さ。
玉ねぎが風味のポイントです。
かわりにおろしにんにく少々でも。

● 材料（6人分） ＊約$2\frac{1}{2}$カップ

にんじん（スライサーでせん切り）… 2本

A
- 白ワインビネガー（または酢）… 大さじ1
- 塩 … 小さじ$\frac{1}{3}$
- 玉ねぎ（すりおろす）… 小さじ2
- はちみつ … 小さじ1
- 粒マスタード、オリーブ油 … 各大さじ1

① ボウルににんじんを入れ、Aを順に加えてあえる。
＊日持ち…容器に入れ、冷蔵室で5日。ファスナー式の保存袋に汁ごと平らに入れ、冷凍室で1か月くらい

パセリをふって

1人分 48kcal

● 材料と作り方（2人分）

器ににんじんのマリネ$\frac{1}{3}$量を盛り、
パセリのみじん切り大さじ1をふる。

切り干し大根の南蛮漬け

風味づけに加えたごま油、赤唐辛子の辛みが、食欲をそそります。切り干し大根のハリハリの歯ごたえ、止まらないおいしさです！

香菜《シャンツァイ》を添えて

1人分 89kcal

● 材料と作り方（2人分）

器に南蛮漬け$\frac{1}{3}$量を盛り、小口切りにした香菜《シャンツァイ》の茎を散らし、香菜の葉（ともに$\frac{1}{2}$株分）を添える。

● 材料（6人分）　＊約$3\frac{1}{2}$カップ

切り干し大根（乾燥）… ふたつかみ（60g）

A
- 玉ねぎ（5mm幅のくし形切り）… $\frac{1}{2}$個
- にんじん（せん切り）… $\frac{1}{3}$本

B
- 酢、みりん、だし汁（または水）… 各大さじ3
- しょうゆ … 大さじ2
- 砂糖、ごま油 … 各大さじ1
- 塩 … 小さじ$\frac{1}{4}$
- しょうが（せん切り）… 1かけ
- 赤唐辛子（小口切り）… 1本

1. 切り干し大根はもみ洗いし、ひたひたの水に15分つけて戻し、水けをしっかり絞って食べやすく切る。Bをひと煮立ちさせた鍋に、熱いうちにAとともに加え、冷めるまでおく。

＊日持ち…容器に入れ、冷蔵室で5日。ファスナー式の保存袋に汁ごと平らに入れ、冷凍室で1か月くらい

梅しょうがひじき

ひじきは一度ゆでこぼすと、
クセが抜けて、ぐっと食べやすく。
しょうがの辛み、ゆかりの香りが、
お酒と相性抜群です。

豆腐にのせて

1人分
78kcal

● 材料と作り方（2人分）

器に半分に切った木綿豆腐½丁（150g）を盛り、
梅ひじき¼量、せん切りにした青じそ4枚をのせる。

● 材料（6〜8人分）＊約4カップ

芽ひじき（乾燥・水につけて戻す）… ½カップ（40g）

A
- しょうが（せん切り）… 3かけ
- 削り節 … 4パック（10g）
- 梅干し（たたく）、酒 … 各大さじ2
- みりん … 大さじ1
- ゆかり、しょうゆ … 各大さじ½

1. ひじきは熱湯で2〜3分ゆでで、湯をきって
Aとともに鍋に入れ、中火で混ぜながら
パラリとするまでいりつける。

＊日持ち…冷めたら容器に入れ、冷蔵室で1週間。
ファスナー式の保存袋に平らに入れ、冷凍室で1か
月くらい

きのこのわさびめんつゆマリネ

食物繊維たっぷりのきのこで作る、
ノンオイルのヘルシーなひと皿。
きのこは焼くとうまみが凝縮して、
ぐんと味わい深くなります。

● 材料（6人分）　＊約$2\frac{1}{2}$カップ

しめじ（ほぐす）… 小2パック
えのきだけ（長さを半分に切り、ほぐす）… 小2袋
生しいたけ（縦半分にさく）… 4枚

A　酒 … 大さじ1
　　塩 … 少々

B　めんつゆ（ストレート）… 1カップ
　　だし汁（または水）… $\frac{1}{4}$カップ
　　おろしわさび … 大さじ1

1. アルミホイルにきのこ、Aを入れて包み、温めたオーブントースター（またはフライパン）で7〜8分焼く。Bを合わせたボウルに加え、10分以上おく。

＊アルミホイルが直接熱源に当たらないように注意
＊日持ち…冷めたら容器に入れ、冷蔵室で5日。ファスナー式の保存袋に汁ごと平らに入れ、冷凍室で1か月くらい

せん切りキャベツにのせて

● 材料と作り方（2人分）

1人分 57kcal

器にせん切りにしたキャベツ3枚を盛り、きのこのマリネ$\frac{1}{3}$量をのせる。

焼きなすのゆずこしょうマリネ

こんがり焼いた香ばしいなすと、ゆずこしょうの香り、辛みが最高のハーモニーに。冷たくして食べても美味です。

● 材料(6人分)

なす(ガクのとがった部分を切り落とす)… 6本

A | しょうゆ、みりん、ゆずこしょう … 各小さじ1
　| だし汁(または水)… $1\frac{1}{2}$ カップ

1 なすは熱した焼き網(またはフライパン)の強火で皮が黒くなるまで焼き、熱いうちに手に水をつけながら皮をむき、ヘタを落とす。ひと煮立ちさせて冷ましたAに加え、30分以上おく。

＊日持ち…汁ごと容器に入れ、冷蔵室で5日くらい

豆苗《トウミョウ》にのせて

1人分 27kcal

● 材料と作り方(2人分)

器に長さを半分に切った豆苗《トウミョウ》 $\frac{1}{2}$ 袋を盛り、食べやすく切ったなすのマリネ2本分をのせ、漬け汁大さじ3をかける。

藤井 恵 (ふじい めぐみ)

1966年、神奈川県生まれ。管理栄養士。女子栄養大学卒業後、料理番組、フードコーディネーターのアシスタントなどを経て、料理研究家に。著書に『50歳からのからだ整え2品献立』『和えサラダ』『家庭料理のきほん200』『から揚げ、つくね、そぼろの本』『ギョウザ、春巻き、肉団子の本』『のっけ弁100』(すべて小社刊)、『藤井弁当』(学研プラス)、『はじめての「味つけ冷凍」』(文化出版局)など多数。

世界一美味しい!やせつまみの本

著　者/藤井 恵
編集人/足立昭子
発行人/倉次辰男
発行所/株式会社 主婦と生活社
〒104-8357　東京都中央区京橋3-5-7
☎03-3563-5321(編集部)
☎03-3563-5121(販売部)
☎03-3563-5125(生産部)
https://www.shufu.co.jp
印刷所/凸版印刷株式会社
製本所/共同製本株式会社
ISBN978-4-391-15546-4

アートディレクション・デザイン/小林沙織(カバー、p1~3、p128)
嶌村美里(studio nines)
撮影/木村 拓(東京料理写真)
スタイリング/大畑純子
エネルギー計算/久保木 薫
描き文字/小川智美

取材/渋江妙子、久保木 薫
校閲/滄流社
編集/足立昭子

*本書は、別冊すてきな奥さん『やせつまみ100』『もっと!やせつまみ100』を再編集・書籍化したものです。